乡村振兴战略中的互联网技术应用系列

农产品网店运营实用技术

主　编　张太宇

北京邮电大学出版社
·北京·

内 容 简 介

党的十九大报告为新型农业经营主体的发展提振信心,本书依据新型农业经营主体思想,特讲述以下三部分内容:第一部分简要介绍网络平台应用、前期市场调研和数据分析方法;第二部分主要讲解电子商务新领域;第三部分简要介绍网络市场营销的原理、广告推广及电子支付。本书条理清晰,既有完整的运营策划思路又有清晰的运营流程,本书对广大农村地区农产品上行及解决电商扶贫具有借鉴意义。

图书在版编目(CIP)数据

农产品网店运营实用技术/张太宇主编. -- 北京:北京邮电大学出版社,2018.3(2021.5重印)
ISBN 978-7-5635-5428-7

Ⅰ.①农… Ⅱ.①张… Ⅲ.①农产品—网络营销—研究—中国 Ⅳ.①F724.72

中国版本图书馆 CIP 数据核字(2018)第 061629 号

书　　名:	农产品网店运营实用技术
主　　编:	张太宇
责任编辑:	刘国辉
出版发行:	北京邮电大学出版社
社　　址:	北京市海淀区西土城路 10 号(100876)
电话传真:	010-82333010 62282185(发行部) 010-82333009 62283578(传真)
网　　址:	www.buptpress3.com
电子信箱:	ctrd@buptpress.com
经　　销:	各地新华书店
印　　刷:	保定市中画美凯印刷有限公司
开　　本:	787 mm×960 mm 1/16
印　　张:	10
字　　数:	196 千字
版　　次:	2018 年 3 月第 1 版 2021 年 5 月第 25 次印刷

ISBN 978-7-5635-5428-7　　　　　　　　　　　　　　　定价:20.00 元

如有质量问题请与发行部联系

版权所有　侵权必究

前　言

党的十九大报告为新型农业经营主体的发展提振信心,本书依据新型农业经营主体思想,特讲述以下三部分内容:第一部分简要介绍网络平台应用、前期市场调研和数据分析方法;第二部分主要讲解电子商务新领域;第三部分简要介绍网络市场营销的原理、广告推广及电子支付。

2016年,在新一轮信息技术革命的驱动下,我国电子商务与传统经济融合度进一步提升,呈现出多元化、服务化、规范化、国际化的发展趋势,突出展示出作为我国经济发展新动能的带动效应。2017年是我国实施"十三五"规划的重要一年和推进供给侧结构性改革的深化之年。我们需要牢牢把握中国有望引领全球电子商务发展的历史性机遇,深入贯彻国家关于发展电子商务的一系列重要政策,结合我国实际创新发展,不断完善电子商务发展环境,完善电子商务产业生态体系,提升开放发展水平,促进服务产业转型升级,最大限度满足社会民生需求,将电子商务很好地利用在农产品的推广方面,解决有些地区农产品滞销的困难。

本书条理清晰,既有完整的运营策划思路又有清晰的运营流程,本书对广大农村地区农产品上行及解决电商扶贫具有借鉴意义。

目　　录

第1章　电子商务平台概述 ··· 1
1.1　电子商务平台基础 ··· 1
1.1.1　电子商务入门 ··· 1
1.1.2　电子商务平台基础 ··· 10
1.2　电子商务平台网店的应用 ··· 17
1.2.1　我国电子商务平台的应用现状 ··· 17
1.2.2　我国电子商务平台应用过程中存在的问题 ··· 18
1.2.3　电子商务平台的应用实证分析 ··· 19
1.2.4　电子商务平台的应用对策分析 ··· 22

第2章　淘系平台开店 ··· 25
2.1　淘系平台开店 ··· 25
2.1.1　淘宝开店 ··· 25
2.1.2　天猫开店 ··· 28
2.1.3　熟悉店铺后台 ··· 34
2.1.4　淘系规则 ··· 37
2.2　淘系网店运营 ··· 42
2.2.1　淘系推广之直通车 ··· 42
2.2.2　淘系推广之钻石展位 ··· 45
2.2.3　淘系推广之淘宝客 ··· 48
2.2.4　淘系店铺活动及工具使用 ··· 51
2.2.5　淘系活动之聚划算 ··· 55
2.2.6　淘系活动之淘抢购 ··· 58
2.2.7　淘系活动之淘金币 ··· 59
2.2.8　淘系活动之天天特价 ··· 61
2.2.9　淘系活动之"11.11" ··· 62

第3章　京东运营 ··· 63
3.1　京东开店 ··· 63
3.1.1　开店流程 ··· 63
3.1.2　平台规则 ··· 68
3.1.3　京麦工作台 ··· 70

3.2 文案策划 …………………………………………………………… 71
　　3.2.1 京东文案标题的优化 …………………………………… 71
　　3.2.2 京东内页详情文案撰写技巧 …………………………… 72
3.3 视觉设计 …………………………………………………………… 74
　　3.3.1 京东视觉设计 …………………………………………… 74
　　3.3.2 京东宝贝内页详情设计 ………………………………… 79
3.4 京东运营 …………………………………………………………… 90
　　3.4.1 搜索优化 ………………………………………………… 90
　　3.4.2 付费流量 ………………………………………………… 92
　　3.4.3 数据分析 ………………………………………………… 96

第4章 微店开店 99
4.1 店铺设置及平台规则 ……………………………………………… 99
　　4.1.1 认识微店 ………………………………………………… 99
　　4.1.2 微店店铺设置 …………………………………………… 102
　　4.1.3 微店平台规则 …………………………………………… 112
4.2 文案策划 …………………………………………………………… 118
　　4.2.1 常见类型 ………………………………………………… 118
　　4.2.2 基本原则 ………………………………………………… 119
　　4.2.3 宣传功效 ………………………………………………… 119
4.3 视觉设计 …………………………………………………………… 120
　　4.3.1 微店视觉概述 …………………………………………… 120
　　4.3.2 微店店铺设计制作 ……………………………………… 123
4.4 微店运营 …………………………………………………………… 128
　　4.4.1 微店选品 ………………………………………………… 128
　　4.4.2 微店的定价策略 ………………………………………… 130
　　4.4.3 微店的推广策略 ………………………………………… 132
　　4.4.4 微店的促销策略 ………………………………………… 133

第5章 搜索引擎营销 137
5.1 网络营销 …………………………………………………………… 137
　　5.1.1 网络营销基础 …………………………………………… 137
　　5.1.2 网络营销型网站规划步骤 ……………………………… 139
　　5.1.3 网络广告投放基础 ……………………………………… 141
5.2 竞价广告(PPC) …………………………………………………… 147
　　5.2.1 竞价广告的概念 ………………………………………… 147
　　5.2.2 排名原理与账户规则 …………………………………… 148
　　5.2.3 方案制作 ………………………………………………… 151

第1章　电子商务平台概述

1.1　电子商务平台基础

1.1.1　电子商务入门

1.1.1.1　电子商务的定义

电子商务(Electronic Commerce,EC)从表面的意思可以简单理解成运用电子方面的技术从事相关的商务活动。具体来说,电子商务一般就是指利用互联网进行商务活动的一种方式,即利用计算机和掌上设备(如手机)等硬件设备,以及相关软件和网络基础设施,通过由一定协议连接起来的电子网络环境进行商务活动的方式;也可理解为在互联网(Internet)、企业内部网(Intranet)和增值网(Value Added Network,VAN)上以电子交易方式进行交易活动和相关服务的活动,是传统商业活动各环节的电子化、网络化、信息化。例如,我们熟知的阿里巴巴、京东、亚马逊等平台都属于电子商务的范畴。

简单来说,电子商务是利用微电脑技术和网络通信技术进行的商务活动。各国政府、学者、企业界人士根据自己所处的地位和对电子商务参与的角度和程度的不同,对电子商务给出了许多不同的定义。但是,电子商务并不等同于商务电子化,只能说电子商务在一定程度上依赖着电子化,并不是电子化完全决定着电子商务。

电子商务虽然在各国或不同的领域有不同的定义,但其本质依然是依靠电子设备和网络技术进行的商业模式。随着电子商务的高速发展,它已不仅仅包括购物的这个内涵,还应包括物流配送等附带服务,具体包括电子货币交换、供应链管理、电子交易市场、网络营销、在线事务处理、电子数据交换(EDI)、存货管理和自动数据收集系统等。在此过程中,利用到的信息技术包括互联网、外联网、电子邮件、数据库、电子目录和移动电话等。

电子商务划分为广义和狭义的电子商务。狭义上讲,电子商务是指通过使用互联网等电子工具(包括电报、电话、广播、电视、传真、计算机、计算机网络、移动通信等)在全球范围内进行的商务贸易活动,是以计算机网络为基础所进行的各种商务活动,包括商品和服务的提供者、广告商、消费者、中介商等有关各方行为的总和。人们一般理解的电子商务就是指狭义上的电子商务。广义上讲,电子商务一词源自于Electronic Business,就是通过电子手段进行的商业事务活动。通过使用互联网等电子工具,使公司内部、供应商、客户和合作伙伴之间,利用电子业务共享信息,实现企业间业务流程的电子化,配合企业内部的电子化生产管理系统,提高企业的生产、库存、流通和资金等各个环节的效率。

无论是广义的还是狭义的电子商务,其概念都包含了两个含义:一是离不开互联网这个平台,没有了网络,就称不上电子商务;二是通过互联网完成的是一种商务活动。

联合国国际贸易程序简化工作组对电子商务的定义是:采用电子形式开展商务活动,包括在供应商、客户、政府及其他参与方之间通过任何电子工具,如EDI、Web技术、电子邮件等共享非结构化商务信息,并管理和完成在商务活动、管理活动和消费活动中的各种交易。

总的来说,电子商务是利用计算机技术、网络技术和远程通信技术,实现电子化、数字化、网络化和商务化的整个商务过程;是以商务活动为主体,以计算机网络为基础,以电子化方式为手段,在法律许可范围内所进行的商务活动交易过程;是运用数字信息技术,对企业的各项活动进行持续优化的过程。

1.1.1.2 电子商务的组成和分类

1. 电子商务的组成

电子商务构成的四要素有:商城、消费者、产品和物流。在这四要素的紧密联系之下可完成以下三种业务:①买卖。各大网络平台为消费者提供质优价廉的商品,吸引消费者购买的同时促使更多商家入驻。②合作。与物流公司建立合作关系,为消费者的购买行为提供最终保障,这是电商运营的硬性条件之一。③服务。电商三要素之一的物流主要是为消费者提供购买服务,从而实现再一次的交易。

电子商务的形成与交易离不开以下四个方面的关系。

(1) 交易平台。第三方电子商务平台(以下简称"第三方交易平台")是指在电子商务活动中为交易双方或多方提供交易促成及相关服务的信息网络系统总和。

(2) 平台经营者。第三方交易平台经营者(以下简称"平台经营者")是指在工商行政管理部门登记注册并领取营业执照,从事第三方交易平台运营并为交易双方提供服务的自然人、法人和其他组织。

(3) 站内经营者。第三方交易平台站内经营者(以下简称"站内经营者")是指在电子商务交易平台上从事交易及有关服务活动的自然人、法人和其他组织。

(4) 支付系统。支付系统(Payment System)是由提供支付清算服务的中介机构和实现支付指令传送及资金清算的专业技术手段共同组成,用以实现债权债务清偿及资金转移的一种金融安排,有时也称为清算系统(Clear System)。

2. 电子商务的分类

按照商业活动的运行方式,电子商务可以分为完全电子商务和非完全电子商务。

按照商务活动的内容,电子商务主要包括间接电子商务(有形货物的电子订货和付款,仍然需要利用传统渠道,如邮政服务和商业快递车送货)和直接电子商务(无形货物和服务,如某些计算机软件、娱乐产品的联机订购、付款和交付,或者是全球规模的信息服务)。

按照开展电子交易的范围,电子商务可以分为区域化电子商务、远程国内电子商务和全球电子商务。

按照使用网络的类型,电子商务可以分为基于专门增值网络的电子商务、基于互联网的电子商务、基于 Intranet 的电子商务。

按照交易对象,电子商务可以分为企业对企业的电子商务(B2B),企业对消费者的电子商务(B2C)、企业对政府的电子商务(B2G)、消费者对政府的电子商务(C2G)、消费者对消费者的电子商务(C2C)、企业、消费者、代理商三者相互转化的电子商务(ABC)、以消费者为中心的全新商业模式(C2B2S)和以供需方为目标的新型电子商务(P2D)。

1.1.1.3 电子商务的特点和功能

1. 电子商务的特点

与传统的商务活动模式相比,电子商务有以下几个特点:①方便性。在电子商务环境中,人们不再受地域和时间的限制,客户能以非常简捷的方式完成过去较为繁杂的商业活动,互联网络可以一天24小时、一年365天营业,并能迅速采集顾客购买意向,借助数据库分析顾客的购买行为,向顾客提供咨询、采购等服务,而且还能快速地更新商品信息,调整商品对市场需求和流通趋势的适应性。网上的业务可以开展到传统营销人员销售和广告促销所达不到的市场范围,凡是能够上网的人,无论是在哪里上网,都将被包容在一个市场中,有可能成为上网企业的客户。②交易快捷化。电子商务能在世界各地瞬间完成传递或由计算机自动处理,无须人员干预,加快了交易速度。③交易虚拟化。通过互联网进行的贸易活动,贸易双方从开始洽谈、签约到订货、支付及完成交易,无须当面进行,均通过计算机互联网络完成,整个交易都可在网络这个虚拟化的环境中进行。④交易成本低。通过网络进行商务活动,信息成本低,足不出户,可节省交通费;减少了交易环节,减少了中介费用;实现了"无纸贸易",可减少90%的文件处理费用;企业利用内部网可实现"无纸办公",降低了管理成本等,因此使整个交易活动成本大大降低。

2. 电子商务的主要功能

电子商务可提供网上交易和管理等全过程的服务。因此,它具有广告宣传、咨询洽谈、网上订购、网上支付、电子账户、服务传递、意见征询、交易管理等各项功能。

1) 广告宣传

电子商务可凭借企业的Web服务器和客户的浏览器,在Internet上发布各类商业信息。客户可借助网上的检索工具迅速地找到所需商品信息,而商家可利用网上主页和电子邮件在全球范围内做广告宣传。与以往的各类广告相比,网上的广告成本低廉,而给顾客的信息量却很丰富。

2) 咨询洽谈

电子商务可借助非实时的电子邮件、新闻组和实时的讨论组来了解市场和商品信息、洽谈交易事务,如有进一步的需求,还可用网上的白板会议(Whiteboard Conference)来交流即时的图形信息。网上的咨询和洽谈能超越人们面对面洽谈的限制、提供多种方便的异地交谈形式。

3) 网上订购

电子商务可借助 Web 服务器中的邮件交互传送,实现网上的订购。网上的订购通常都是在产品介绍的页面上提供十分友好的订购提示信息和订购交互格式框。当客户填完订购单后,通常系统会回复确认信息单来保证订购信息的收悉。订购信息也可采用加密的方式使客户和商家的商业信息不会泄露。

4) 网上支付

电子商务要成为一个完整的过程,网上支付是重要的环节之一。客户和商家之间可采用信用卡账号实施支付。在网上直接采用电子支付手段可省略交易中很多人员的开销。同时,网上支付也需要更为可靠的信息传输安全性控制以防止欺骗、窃听、冒用等非法行为。

5) 电子账户

网上的支付必须要有电子金融来支持,即银行或信用卡公司及保险公司等金融单位要为金融服务提供网上操作的服务。而电子账户管理是其基本的组成部分。信用卡号或银行账号都是电子账户的一种标志。而其可信度需配以必要的技术措施来保证,如数字凭证、数字签名、加密等,这些手段的应用保障了电子账户操作的安全性。

6) 服务传递

对已付了款的客户应将其订购的货物尽快地传递到他们的手中。而有些货物在本地,有些货物在异地,电子邮件能在网络中进行物流的调配。而最适合在网上直接传递的货物是信息产品,如软件、电子读物、信息服务等,它能直接从电子仓库中将货物发送到用户端。

7) 意见征询

电子商务能十分方便地采用网页上的"选择""填空"等格式文件来收集用户对销售服务的反馈意见。这样使企业的市场运营能形成一个封闭的回路。客户的反馈意见不仅能够提高售后服务的水平,更能够使企业获得改进产品、发现市场的商业机会。

8) 交易管理

整个交易的管理将涉及人、财、物多个方面,企业和企业、企业和客户及企业内部等各方面的协调和管理,因此,交易管理是涉及商务活动全过程的管理。电子商务的发展,将会提供一个良好的交易管理的网络环境及多种多样的应用服务系统。这样,才能保障电子商务获得更广泛的应用。

1.1.1.4 电子商务的产生和发展

1. 电子商务的产生

电子商务是伴随着 Internet 的发展而产生的。1969 年 9 月,Arpanet(阿帕)联通了 4 个站点,即加利福尼亚大学洛杉矶分校、加利福尼亚大学圣巴巴拉分校、犹他大学和斯坦福研究所(现为斯坦福国际咨询研究所),这是最早的计算机互联网络,开始利用网络进行信息交换。电子商务最早产生于 20 世纪 60 年代,大规模发展于 20 世纪 90 年代,其产生和发展的重要条件主要有以下几个方面。

(1) 经济全球化的发展。经济全球化是指世界各国的经济在生产、分配、消费各个领域发生的一体化趋势。经济全球化促进了跨国公司的发展,使国际范围内的商务活动变得频繁,而且使国际贸易成为各国经济发展的重要组成部分。经济全球化促使人们寻找合适的方式来满足这种商务活动,电子商务由此应运而生,并以其独特的优势成为这场革命中的重要力量,在国际商务活动中扮演着越来越重要的角色。

(2) 计算机和互联网的发展、普及和广泛应用。近几十年来,计算机的运行速度越来越快,处理能力越来越强,价格越来越低,应用越来越广泛,这为电子商务的应用提供了基础。由于国际互联网逐渐成为全球通信与交易的媒体,全球上网用户呈级数增长趋势,快捷、安全、低成本的特点为电子商务的发展提供了应用条件。

(3) 信用卡和电子金融的普及应用。信用卡以其方便、快捷、安全等优点成为人们消费支付的重要手段,并由此形成了完善的全球性信用卡计算机网络支付与结算系统,使"一卡在手,走遍全球"成为可能,同时也成为电子商务中网上支付的重要手段。各大银行也都看到了电子商务的发展前景,纷纷推出了支持在线交易的电子金融服务,在安全技术的保障下,电子银行的发展解决了商务活动中的支付问题,成为促进电子商务发展的强大动力。

(4) 电子安全交易协议的制定和安全技术的发展。1997 年 5 月 31 日,由国际组织联合指定的安全电子交易协议(Secure Electronic Transaction,SET)出台,该协议得到了大多数厂商的认可和支持,为在网络上进行电子商务活动提供了一个关键的安全环境。计算机和网络安全技术的发展为电子商务的开展提供了技术。

2. 电子商务的发展

国际上对电子商务的研究始于 20 世纪 70 年代末。电子商务的实施可以分为两步，其中 EDI(Electronic Data Interchange)商务始于 20 世纪 80 年代中期，Internet 商务始于 20 世纪 90 年代初期。我国的电子商务及其研究起步更晚些，但发展非常迅速。

1997 年年底，在亚太经济合作组织非正式首脑会议上，时任美国总统克林顿敦促世界各国共同促进电子商务的发展，引起了各国首脑的关注。有识之士指出，在电子商务问题上，迟疑一步就可能会丢失市场、丢失机会。

1998 年 11 月 18 日，时任中国国家主席江泽民在亚太经合组织第六次领导人非正式会议上就电子商务问题发言时说，电子商务代表着未来贸易方式的发展方向，其应用推广将给各成员国家带来更多的贸易机会。

一般来说，电子商务经历了两个发展阶段：基于 EDI 的电子商务和基于国际互联网的电子商务。

1) 基于 EDI 的电子商务(20 世纪 60 年代至 20 世纪 90 年代)

EDI 在 20 世纪 60 年代末期产生于美国，当时的贸易商们在使用计算机处理各类商务文件的时候发现，由人工输入到一台计算机中的数据 70% 是来源于另一台计算机的输出文件，由于过多的人为因素，影响了数据的准确性和工作效率的提高，人们开始尝试在贸易伙伴之间的计算机上使数据能够自动转换，EDI 应运而生。

EDI 是将业务文件按照一个公认的标准从一台计算机传输到另一台计算机上去的电子传输方法。由于 EDI 大大减少了纸张票据，因此，人们也形象地称其为无纸贸易或无纸交易。

2) 基于国际互联网的电子商务(20 世纪 90 年代至今)

20 世纪 90 年代中期后，国际互联网迅速普及，逐步从大学、科研机构走向企业和百姓家庭，其功能也已从信息共享演变为大众化信息传播。从 1991 年起，一直排斥在互联网之外的商业贸易活动正式进入到这个王国，因而使电子商务成为互联网应用的最大热点。以直接面对消费者的网络直销模式而闻名的美国 Dell 公司 1998 年 5 月的在线销售额高达 500 万美元，另一个网络"新秀"——Amazon 网上书店的营业收入从 1996 年的 1 580 万美元猛增到 1998 年的 4 亿美元。

3. 我国电子商务的发展现状

就世界范围来看，近年来全球经济的增长不稳定因素越来越多，大危机爆发的可能性越来越大,经济下行压力较大。但是随着互联网技术的不断发展,电子商务的异军突起,给世界和地区经济的发展创造了一个重要的机遇。

1)发展速度快,主要国家和地区的电子商务无论在规模上还是在数量上都实现了高速发展的基本态势

例如美国的电子商务发展,无论是专业化程度还是电子商务相关产业开发方面都在世界范围内处于领先水平。我国电子商务起步较晚,但是庞大的消费群体和成熟的互联网技术正在成为我国电子商务爆发式增长的最强动力。据工业和信息化部统计数据显示,截至 2012 年 6 月,我国网民规模已经突破 4.95 亿,相比 2011 年增长了 1 000 万人。短短一年内竟有如此快速的增长,这充分说明互联网对人们生产生活的影响正在逐步深化并呈现加速度态势。而且移动互联网的使用者已经达到 3.18 亿,移动互联网的出现和普及更是给电子商务的发展又插上了一双强大的翅膀。2011 年第一季度电子商务的成交量达到 1 924 亿元,当年上半年交易总额为 3 707 亿元,同比增长 74%。巨大的市场发展前景吸引了大批投资纷纷转向电子商务领域,同时电子商务网站之间的竞争也越来越激烈。如淘宝、京东、天猫、1 号店、唯品会等专业化程度更高的电子商务网站在争夺消费者方面都拿出了自己的看家本领。

2)关于电子商务的法律法规还不是很健全,而且物流成本一直是影响电商发展的一个重大障碍

在电子商务产生之初,曾经有业内人士坦言,影响电子商务发展的三大不利因素为信用、支付以及物流。随着支付宝、财付通等第三方支付平台的建立和不断完善,目前影响电商发展的支付问题基本得到解决。但是物流成本又成为影响电商发展的一个重要因素。物流成本高给电商的发展造成重大不利影响。而且物流服务质量不高也是造成电商发展受阻的一个重大原因,物流时间长,而且在运输过程中规范性和高效性不足。一些商品在经过物流到达买家手中时经常出现破损现象。同时也正是这些时间长、质量差的特点使得一些本该进入电商流通领域的生鲜农产品迟迟迈不出自己的脚步。另外,电子商务的信用问题也是影响电商持续发展的一个重大问题。虽然我国政府部门和一些电商平台频频出台政策和规定,使这一问题得到了逐步的完善,但是在操作过程中又会产生新的问题。当前,以淘宝网为例,已经制定了严格的信用管理机制,消费者在购物过程中可以对电商的信用随时进行监督和管理。这有效解决了电商发展过程中信用问题没人管的现象,为电子商务的发展打下了坚实的基础。

3)电子商务系统与内部各部门之间的融合不畅

当前我国企业已经开始意识到电子商务蕴藏着的巨大市场潜力,但是企业在

长期的传统市场开发与维护中已经形成思维定式,整个企业内部各部门也都是为传统的市场开发策略而设置。面对突如其来的电子商务时代不能在最短的时间内适应,有的企业虽然建立了自己的电商平台,但是对于营销、推广、资源整合等多方面工作一头雾水,浪费了大量的成本,付出了不小的代价。有的企业开始借助第三方电商平台为自己的产品寻找新的营销渠道,但是很多第三方电商平台在电子商务内部信息管理方面也存在着很大的机制缺陷,因此电子商务与企业内部资源规划还是应当由企业通过更加深入的工作来完成,还是需要内部部门适应这种新的营销渠道。由企业自己来完成这些工作会存在一些不足之处,例如在销售部门得到消费者订单后,物流配送部门和售后部门不能及时跟进,反应速度慢,造成了消费者时间成本增加。再就是营销推广,没有根据电子商务环境的特点进行很好的整合。因此,在这些不利因素的影响下一些企业的电子商务系统虽然建立起来,但是在内部资源整合方面还有很长的一段路程要走。

从电子商务发展的现状来看,我国电子商务像一个新生命,正在经历着茁壮成长的关键阶段。但是在这一时期也存在一些问题,例如网络技术不足导致的安全漏洞对于交易安全和个人信息保护造成的重大威胁,网购中商家和买家诚信意识不足导致的市场秩序混乱,物流服务质量与电子商务发展速度不同步等现象都是一些亟待解决的问题。

4. 我国电子商务的发展趋势

1) 电子商务的内容越来越丰富、功能越来越完善

当前我们理解和认识的电子商务与网络购物基本上一致。因为这种商业模式其实就是交易双方换了一种交易方式和场所,各自的属性和功能都没有改变,买家还是买家,卖家还是卖家。因此很多电子商务企业都将网购与电子商务等同起来,事实上这也是电子商务发展初期的一个阶段性特征。但是随着电子商务的不断发展,其影响范围会不断扩大,它的功能除了实现网上购物之外还会产生网上服务业、金融业等。总之,电子商务的分工会越来越细致,功能也会越来越完善,能够为消费者提供的将不再仅仅是购买商品,人们生产和生活中所需要的任何事物都会在电子商务中出现。这是未来我国电子商务发展的一个基本趋势。

2) 电子商务的运营模式将呈现多样化趋势

电子商务的运营模式是决定电子商务企业成败的一个关键因素,同时也会呈现出一些阶段性的特征。目前我国电子商务运营模式中被消费者广为接受和认可的就是淘宝运营模式。这也是我国电子商务发展初级阶段的一个经典模式。但是我们不能从此就认定为淘宝模式就是电子商务发展的唯一模式。目前,崛起的京

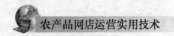

东商城正在以更加完善和严格的供应商选择为消费者带来更加高品质的购物服务,这是淘宝集市卖家鱼龙混杂的现象所不能比拟的。另外,随着电子商务的持续发展还会出现更多的、更完善的电子商务运营模式。

3)搜索引擎与电子商务联合的趋势越来越明显

电子商务与搜索引擎之间的联系将会越来越紧密,因为随着电子商务的不断发展,必定有很多商家都会转战这一领域,而且就淘宝集市卖家的数量来看,目前各种商品供应已经达到了海量的程度。消费者要想在商品泛滥、信息泛滥的环境中迅速找到自己想要的产品信息必须借助搜索引擎。因此在未来电子商务发展中与搜索引擎的联合将更加紧密。

1.1.2 电子商务平台基础

1.1.2.1 电子商务平台的概念

电子商务平台是一个为企业或个人提供网上交易洽谈的平台。企业电子商务平台是建立在 Internet 上进行商务活动的虚拟网络空间和保障商务顺利运营的管理环境,是协调、整合信息流、货物流、资金流,使其有序关联、高效流动的重要场所。企业、商家可充分利用电子商务平台提供的网络基础设施、支付平台、安全平台、管理平台等共享资源有效地、低成本地开展自己的商业活动。

电子商务建设的最终目的是发展业务和应用。一方面网上商家以一种无序的方式发展,造成重复建设和资源浪费;另一方面商家业务发展比较低级,很多业务仅以浏览为主,需通过网外的方式完成资金流和物流,不能充分利用 Internet 无时空限制的优势。因此有必要建立一个业务发展框架系统,规范网上业务的开展,提供完善的网络资源、安全保障、安全的网上支付和有效的管理机制,有效地实现资源共享,实现真正的电子商务。

企业电子商务平台的建设,可以建立起电子商务服务的门户站点,是现实社会到网络社会的真正体现,为广大网上商家以及网络客户提供一个符合中国国情的电子商务网上生存环境和商业运作空间。

企业电子商务平台的建设,不仅仅是初级网上购物的实现,它能够有效地在 Internet 上构架安全的和易于扩展的业务框架体系,实现 B2B、B2C、C2C、O2O、B2M、M2C、B2A(B2G)、C2A(C2G)、ABC 等模式的应用环境,推动电子商务在中国的发展。

电子商务平台作为通过互联网展示、宣传或者销售自身产品的网络平台载体越来越趋于普及化。而电子商务平台扩展的另外一种途径——互联网营销,让用户多了一种途径来了解、认知或者购买商家的商品。

电子商务平台可以帮助中小企业甚至个人自主创业,独立营销一个互联网商城,达到快速盈利的目的,而且只需要很低的成本就可以实现这一愿望。电子商务平台也可以帮助同行业中已经拥有电子商务平台的用户,提供更专业的电子商务平台解决方案。发展电子商务,不是一两家公司就能够推动的产业,需要更多专业人士共同参与和奋斗,共同发展。

1.1.2.2 电子商务平台的优缺点

1. 电子商务平台的优点

(1) 电子商务将传统的商务流程电子化、数字化,一方面以电子流代替了实物流,大量减少了人力、物力,降低了成本;另一方面突破了时间和空间的限制,使得交易活动可以在任何时间、任何地点进行,从而大大提高了效率。

(2) 电子商务具有开放性和全球性的特点,为企业创造了更多的贸易机会。

(3) 电子商务使各企业可以以相近的成本进入全球电子化市场,使得中小企业有可能拥有和大企业一样的信息资源,提高了中小企业的竞争能力。

(4) 电子商务重新定义了传统的流通模式,减少了中间环节,使得生产者和消费者的直接交易成为可能,从而在一定程度上改变了整个社会经济运行的方式。

(5) 电子商务一方面破除了时空的壁垒,另一方面又提供了丰富的信息资源,为各种社会经济要素的重新组合提供了更多的可能,这将影响到社会的经济布局和结构。

(6) 通过互联网,商家之间可以直接交流、谈判、签合同,消费者也可以把自己的反馈建议反映到企业或商家的网站,而企业或者商家则可根据消费者的反馈及时调整产品种类及改善服务品质,做到良性互动。

2. 电子商务平台的缺点

(1) 网络自身有局限性。有一位消费者在网上订购了一新款女式背包,虽然质量不错,但怎么看款式都没有网上那个中意。许多消费者都反映实际得到的商品不是在网上看中的商品。这是怎么回事呢?其实在把一件立体的实物缩小许多变成平面的图片过程中,商品本身的一些基本信息会丢失,输入电脑的只是人为选择商品的部分信息,人们无法从网上得到商品的全部信息,尤其是无法得到对商品的最鲜明的直观印象。

在这一模式上,只有依靠网站的制作和网页设计者对网页把握更好的模式,向消费者展示商品。

(2)搜索功能不够完善。在网上购物时,用户面临的一个很大的问题就是如何在众多的网站找到自己想要的物品,并以最低的价格买到。搜索引擎看起来很简单,用户只需输入一个查询关键词,搜索引擎就按照关键词到数据库去查找,并返回最合适的 Web 页链接。这主要不是由于技术,而是由于在线商家希望保护商品价格的隐私权。因此当用户在网上购物时,不得不逐个网站搜寻下去,直至找到价格满意的物品。

(3)交易的安全性得不到保障。电子商务的安全问题仍然是影响电子商务发展的主要因素。由于 Internet 的迅速流行,电子商务引起了广泛的注意,被公认为是未来 IT 业最有潜力的新的增长点。然而,在开放的网络上处理交易,如何保证传输数据的安全成为影响电子商务能否普及的最重要的因素之一。调查公司曾对电子商务的应用前景进行过在线调查,当问到为什么不愿意在线购物时,绝大多数人的答案是担心遭到黑客的侵袭而导致信用卡信息丢失。因此,有一部分人或企业因担心安全问题而不愿使用电子商务,安全成为电子商务发展中最大的障碍。

电子商务的安全问题其实也是人与人之间的诚信问题,和现实商业贸易相似,均需双方的共同协作和努力。电子商务的未来,需要所有网民的共同协作。

(4)电子商务的管理还不够规范。电子商务的多样化给世界带来全新的商务规则和方式,这更加要求在管理上做到规范。这个管理的概念应该涵盖商务管理、技术管理、服务管理等多方面,因此要同时在这些方面达到一个比较令人满意的规范程度,不是短时期内就可以做到的。另外,电子商务平台的前后端一致性也是非常重要的,前台的 Web 平台是直接面向消费者的,是电子商务的门面,而后台的内部经营管理体系则是完成电子商务的必备条件,它关系到前台所承接的业务最终能不能得到很好的实现。一个完善的后台系统更能体现一个电子商务公司的综合实力,因为它将最终决定提供给用户的是什么样的服务,决定电子商务的管理是不是有效,决定电子商务公司最终能不能实现赢利。

(5)税务问题。税务(包括关税和税收)是一个国家重要的财政来源。由于电子商务的交易活动是在没有固定场所的国际信息网络环境下进行的,造成国家难以控制和收取电子商务的税金。

(6)标准问题。各国的国情不同,电子商务的交易方式和手段当然也存在某些差异,而且我们要面对无国界、全球性的贸易活动,因此需要在电子商务交易活动中建立相关的、统一的国际性标准,以解决电子商务活动的互操作问题。

(7)配送问题。配送是让商家和消费者都很伤脑筋的问题。网上消费者经常遇到交货延迟的现象,而且配送的费用很高。业内人士指出,中国国内缺乏系统化、专业化、全国性的货物配送企业,配送销售组织没有形成一套高效、完备的配送管理系统,这毫无疑问影响了人们的购物热情。

(8) 知识产权问题。在由电子商务引起的法律问题中,知识产权保护首当其冲。由于计算机网络上承载的是数字化形式的信息,因而在知识产权领域(专利、商标、版权和商业秘密等)中,版权保护的问题尤为突出。

(9) 电子合同的法律问题。在电子商务中,传统商务交易中所采用的书面合同已经不适用了。一方面,电子合同存在容易编造、难以证明其真实性和有效性的问题;另一方面,现有法律对电子合同的数字化印章和签名的法律效力的规范还远远不够。

(10) 电子证据的认定。信息网络中的信息具有不稳定性或易变性,这就造成了信息网络发生侵权行为时,锁定侵权证据或者获取侵权证据难度极大,对解决侵权纠纷带来了较大的障碍。如何保证在网络环境下信息的稳定性、真实性和有效性,是有效解决电子商务中侵权纠纷的重要因素。

(11) 其他细节问题。最后就是一些不规范的细节问题,网上商店服务的地域差异大;在线购物发票问题大;网上商店对订单回应速度各有差异;电子商务方面的法律,对参与交易的各方面的权利和义务还没有特别细致的规定。

1.1.2.3 电子商务平台的主要分类

为了更好地理解电子商务平台的概念和内涵,以及电子商务平台的创新理念,从以下几个不同角度对电子商务平台进行分类。

1. 按照电子商务应用模式分类

电子商务平台可以分为 B2B 电子商务平台、C2C 电子商务平台、B2C 电子商务平台等。常见的 B2B 电子商务平台有阿里巴巴、慧聪网、中国制造网、环球贸易网等;常见的 C2C 电子商务平台有淘宝网、易趣网等;常见的 B2C 电子商务平台有京东商城、当当网、亚马逊、苏宁易购等。

2. 按照电子商务技术分类

电子商务平台可以分为 EDI 电子商务平台、Internet 电子商务平台、移动电子商务平台、智能电子商务平台等。

3. 按照电子商务应用目的分类

电子商务平台可以分为电子支付平台、网络广告平台、协作商务平台等。

4. 按照电子商务应用对象分类

电子商务平台可以分为物流电子商务平台、农产品电子商务平台、钢铁电子商务平台、邮政电子商务平台等。

5. 按照电子商务用户界面可视性分类

电子商务平台可以分为可视电子商务平台、非可视电子商务平台。大多数电子商务平台的用户界面是可视的,也有一些电子商务平台的用户界面是非可视的,如基于RFID的自动收费服务平台、基于无线技术的参观自动讲解服务等。

6. 按照电子商务应用媒介分类

电子商务平台可以分为网络电子商务平台、手机电子商务平台、汽车电子商务平台等。

应该说,对电子商务平台,还可以从其他角度进行分类。需要进一步说明的是,上述不同角度的分类之间可能是交叉的,如移动电子商务平台,可能是可视化的,也可能是非可视化的。另外,电子商务网站,只是最常见的一类电子商务平台,还有其他非网站类型的电子商务平台。

1.1.2.4 电子商务平台的主要功能

一个完善的电子商务平台应具备以下功能。

1. 商品展示功能

这是一个基本且十分重要的功能。用户进入企业的电子商务网站,应该像进入现实中的超市一样,能够看到琳琅满目的商品。利用网络媒体进行产品的推销,是一条有效的营销渠道。

2. 信息检索功能

商务网站提供信息搜索与查询功能,可以使客户在电子商务数据库中轻松而快捷地找到需要的信息,这是电子商务网站能否使客户久留的重要因素。

3. 商品订购功能

电子商务可借助 Web 中的邮件交互传送实现网上的订购。用户想购买时,可以将商品放入购物车。当客户填完订购单后,通常系统会回复确认信息单来保证订购信息的收悉。该功能不仅依赖于技术的设计与实现,更依赖于网站主体在设计时从简化贸易流程且便于用户运用的角度去构思。

4. 网上支付功能

除交易外网上支付是重要的环节。网上的支付必须要有电子金融来支持,即银行、信用卡公司及保险公司等金融单位要为金融服务提供网上操作的服务。在网上直接采用电子支付手段可省略交易中很多人员的开销。电子商务要成为一个完整的过程,网上支付就需要更为可靠的信息传输安全性控制以防止欺骗、窃听、冒用等非法行为。

5. 信息管理功能

完整的电子商务网站还要包括销售业务信息管理功能。客户信息管理是反映网站主体能否以客户为中心、充分地利用客户信息挖掘市场潜力的有重要利用价值的功能,是电子商务中主要的信息管理内容。

6. 信息反馈功能

一个成功的网站必须是交互性的、多点信息互动的。商务网站对于收集客户的反馈信息尤为重要。

1.1.2.5 电子商务平台的发展趋势

1. 如今的电商时代,电子商务平台的移动购物商城将成为主战场

在2010年前,市场对电商的判断停留在PC端,从2012年开始,微信的诞生以及智能手机普及率的快速提升使得市场开始逐渐由PC端转向移动端。从中国互联网零售三巨头天猫、京东、苏宁的数据来看,三者移动端占比均由2013年的不到10%快速上升至2015年的近50%。根据大众的消费习惯趋势判断,未来这一占比仍将继续提升。

在电子商务平台的移动端占比和网络购物占比的双重提升下,互联网零售规模将继续保持高增长,由于整个社会消费品零售增速在持续下行,未来互联网零售将抢占其他传统零售的部分市场份额,这也契合了国家倡导的由传统经济向新兴经济转型的方向。

2. 移动购物商城未来发展需要线上线下更紧密的"虚实结合"

按商业模式分,目前电子商务平台零售行业有三类业态,分别为传统零售、电子商务(纯线上)、互联网零售。纯线上的电子商务以天猫和京东为代表,线上线下融合的互联网零售以苏宁为代表,但是随着时间的推移,未来主流的零售业态将会逐渐向互联网零售倾斜。像移动云商城针对互联网零售行业的商城系统,以多渠道的一个优势也势必会在未来发展得越来越快速。传统电商能够通过移动云商城快速布局线上业务,搭建多渠道的商城系统从而实现商业的一个快速扩张。

目前,部分零售企业只是把互联网当作一个新增渠道,而并未与自身实体零售有机结合在一起,未来零售业的"互联网+"必然是线上线下"虚实结合"的商业模式。所谓"虚实结合"即互联网先进技术对接零售的核心要素(产品、服务、价格),线上线下融合一体。

具体来看:线上,企业通过互联网先进技术(大数据、云计算等)深入有效地挖掘消费者个性化需求,随时随地满足消费者需求,并在支付方面提供良好的用户体验,提升零售经营的效率;线下,通过供应链、物流的优化为线上线下销售提供保障,同时通过对电子商务平台的线下商业场所进行互联网化改造,充分挖掘线下商业场所的社会场景价值、渠道销售价值、媒体推广价值、场景体验价值、仓储服务价值等。

3. 对电子商务平台来说,未来线下的价值将逐渐被强化

我们几乎可以确定,未来线上线下融合的互联网零售模式将逐渐取代传统电商的纯线上模式,所以阿里花费283亿元投资了苏宁,获得了苏宁19%的股份,两家行业排名第一和第三的公司将不遗余力地推动互联网零售,这是两家公司共同的转型之路。未来线下的价值也必将会越来越被重视。

当然,电子商务平台未来的发展变化莫测,随着市场动向、消费者购物习惯的改变,未来电子商务平台的发展前景势必越来越好。

1.2 电子商务平台网店的应用

1.2.1 我国电子商务平台的应用现状

根据中国电子商务研究中心发布的监测数据显示,2013年中国网络经济整体规模达到6 004.1亿元,电子商务市场交易规模达到10.2万亿元。中国电子商务的高速发展,极大地促进了中国经济的腾飞,也很好地帮助了中国中小企业的迅速成长。但很多中小企业资本有限,对电子商务涉足较浅,该如何正确选择适合自己的电子商务之路呢?鉴于此,第三方企业电子商务平台的出现为这些企业提供了很好的选择。而随着2014年9月19日阿里巴巴在纽约成功上市,中国互联网经济又掀起一股新的发展浪潮,受此影响中国第三方电子商务平台正呈现出快速、务实、规范化的健康发展态势。

首先,第三方企业电子商务平台持续快速的发展极大地促进了中国中小企业的迅速成长,根据中国电子商务研究中心发布的监测数据显示,截至2013年12月,我国B2B电子商务市场交易额达8.2万亿元,B2B电子商务服务企业达12 000家,B2B电子商务服务商的营收规模约为205亿元,国内使用第三方电子商务平台的中小企业用户规模已经突破1 900万。

其次,中国第三方企业电子商务平台应用"以商为本",内贸电商平台模式逐渐成熟,外贸电商平台则积极开拓市场。以阿里巴巴、慧聪网、中国制造网等为代表的内贸企业电子商务平台,多年来不断探索创新,商业模式逐渐成熟。如阿里巴巴的"产业带"、慧聪网的"标王"、中国制造网的"中国产品目录"等。而以敦煌网、环球资源网等为代表的外贸企业电子商务平台,不断努力为中外企业搭建在线交易平台,开拓海外市场。如环球资源网的"系列英文媒体",以强大媒体资源,帮助中国企业与国外企业更好地沟通交流,促进进出口贸易。

最后,在中国政府政策支持与引导下,中国第三方企业电子商务平台正在规范、健康地发展。自从2005年1月国务院办公厅发布《关于加快电子商务发展的若干意见》以来,又先后发布了一系列促进中国电子商务发展的指导性政策,特别是《关于促进电子商务规范发展的意见》《第三方电子商务交易平台服务规范》等政策,极大地推动了第三方企业电子商务平台的规范、健康发展。如2014年6月,为规范上海市第三方网络交易平台的经营行为,保护消费者和经营者的合法权益,营造公平诚信的网络交易环境,促进电子商务持续健康发展,上海市工商局印发《第三方网络交易平台经营管理办法》。

1.2.2 我国电子商务平台应用过程中存在的问题

1. 第三方企业电子商务平台整体商业模式单一、转型缓慢

从1997年第一家企业电子商务平台——中国化工网的成立至今,第三方企业电子商务平台已经历经22年的发展历程,其商业模式从信息服务平台,逐渐转变成为交易服务平台、资源整合平台,而盈利方式却还是以会员费用、广告费、其他增值服务费为主,整体商业模式单一、转型缓慢。如2013年敦煌网推出"全程外贸开放平台",向交易平台转型;同年,慧聪网上线网上交易平台并推出自有在线支付工具"慧付宝";2014年阿里巴巴企业电子商务平台才从提供信息服务拓展至在线交易、融资等多方面的服务,逐渐成为企业在线资源整合的平台。

2. 垂直类企业电子商务平台市场占有率低、模式重复率高、创新能力较弱

据易观智库统计数据显示,2013年9家核心电子商务B2B企业合计占比70.3%,其中的海虹医药网仅占比1.6%。而且,目前我国垂直类企业电子商务平台行业模式单一,跟风严重,模式重复率高,创新能力较弱。每个行业都有几十家业务模式相似的企业电子商务平台,主营业务仅以会员费和广告为主,只有少数行业网站才能提供一些简单的增值服务,缺乏有价值的模式创新。如电源网的广告收入占的比例最大,其次依次是服务收入、线下活动收入、会员费。由于垂直类企业电子商务平台创新能力弱,加上服务只停留在提供简单的供求信息的层面,所以导致多数垂直类企业电子商务平台必须依靠销售拉动营业额,使其企业的销售人员比例竟然占到50%以上。

3. 第三方企业电子商务平台轻技术和业务,重平台和营销

在业务模式上,我国第三方企业电子商务平台注重电子商务平台的搭建,善于利用平台的知名度进行营销活动。而对于如何将企业业务通过电子商务平台去运营,提供企业交易过程中真实需要的业务服务,则是我国第三方企业电子商务平台的薄弱之处。例如 TI 德州仪器是半导体行业中的重要厂商,提供半导体行业中大量的芯片产品。TI 公司的样片与采购功能是如何在企业电子商务平台上实现,如何展示授权代理商的库存情况,这些内容是采购企业不关心的,采购企业关心的是最小包装是多少只,包装的样式如何,哪家授权代理商有多少库存等业务细节的信息。

4. 第三方企业电子商务平台诚信参差不齐,成为其快速发展的阻碍

电子商务快速发展的同时,由于其虚拟性本质使得诚信缺失问题在第三方企业电子商务平台领域日益凸显,尤其是产品以次充好、擅自取消订单、订单付款后通知无货等诚信问题最为突出,这也导致针对电商的各种投诉一直位居相关平台之首。如 2011 年阿里巴巴的"诚信门""围攻门",京东、当当网等的"泄密门";2012 年联想、易迅、亚马逊中国等网站的"错价门"、淘宝网的"评价门"。电商诚信缺失成为电子商务发展看不见的障碍,推动电子商务交易诚信环境的重建显得十分必要。

1.2.3　电子商务平台的应用实证分析

为了说明第三方电子商务平台在企业开展电子商务中的重要性和应用情况,以湖北省企业利用第三方电子商务平台为例进行具体分析。2015 年 7 月至 2016 年 11 月,对武汉城市圈(以下简称"武汉圈")和鄂西生态文化旅游圈(以下简称"鄂西圈")的 134 537 家企业做了网上调查,此次调查主要是研究企业是通过自建网站开展电子商务还是通过第三方平台开展电子商务,并记录平台具体功能的应用情况。其中,武汉圈的企业电子商务网上调查将平台分为综合平台、行业平台和区域平台三类;鄂西圈的网上调查则在武汉圈的基础上新增加了政府门户网站和总公司平台,共五类平台。通过调查,得到了湖北"两圈"企业利用第三方电子商务平台开展电子商务的第一手资料。下面是对湖北省企业应用情况的调查分析和相应结论。

1. 搭载平台是企业开展电子商务的重要途径

企业有没有开展电子商务,一是看企业有没有自建门户网站,二是看企业有没有搭载第三方电子商务平台。湖北"两圈"自建网站企业和搭载平台企业占开展电子商务企业的比例如表 1.1 所示。

表1.1　湖北"两圈"自建网站企业和搭载平台企业占开展电子商务企业的比例

区域	开展电子商务企业数量/家	自建网站企业		搭载平台企业	
		数量/家	比例/%	数量/家	比例/%
武汉圈	15 862	5 560	35.1	13 690	86.3
鄂西圈	10 849	1 395	12.9	9 893	91.2

武汉圈开展电子商务的企业中,搭载平台企业占开展电子商务企业的比例(86.3%)高于自建网站企业占开展电子商务企业的比例(35.1%);鄂西圈开展电子商务的企业中,搭载平台企业占开展电子商务企业的比例(91.2%)远远高于自建网站企业占开展电子商务企业的比例(12.9%)。这说明,绝大多数企业开展电子商务都是通过搭载平台这一途径来实现的。企业自建网站开展电子商务需要一定的经济能力做支撑,维护电子商务系统的运营以及招聘专业技能人才需要昂贵的费用。因此,多数企业选择通过搭载第三方电子商务平台来开展商务。

2. 区域经济水平、企业规模大小对企业搭载平台有一定的影响

由表1.1可以看出,武汉圈自建门户网站的比例(35.1%)明显高于鄂西圈自建网站的比例(12.9%),而武汉圈搭载平台开展电子商务的比例却比鄂西圈低4.9个百分点。在湖北,武汉圈的经济发展明显要好于鄂西圈,从以上分析可以得出,在经济发展较好的地方,企业自建网站开展电子商务较多,而在经济欠发展的地方,企业更趋向于通过搭载平台来开展电子商务。企业搭载电子商务平台不仅受到区域经济水平的影响,还与企业自身规模有一定的关系。参照工业企业规模划分标准,将当年产品销售收入500万元以上的企业定为规模以上企业,销售收入500万元以下的企业定为规模以下企业。湖北"两圈"不同规模企业利用自建网站和搭载平台开展电子商务的情况如表1.2所示。

表1.2　湖北"两圈"不同规模企业利用自建网站和搭载平台开展电子商务的情况

规模	开展电子商务企业数量/家	自建网站企业		搭载平台企业	
		数量/家	比例/%	数量/家	比例/%
规模以上	7 610	2 232	29.3	7 016	92.2
规模以下	15 936	4 541	28.5	14 652	91.9

由表1.2可见,无论是在自建网站方面还是在搭载平台方面,规模以上企业要优于规模以下企业。然而,规模以下企业在自建网站率低于规模以上企业自建网

站率的情况下,平台搭载率仍然和规模以上企业平台搭载率相当。这说明,规模以下企业通过搭载平台来开展电子商务的更多,搭载平台对规模以下企业开展电子商务更加重要。

3. 综合平台和行业平台搭载率较高,区域平台搭载率较低

电子商务平台的类型多种多样,不同企业对电子商务平台的选择略有偏重,湖北"两圈"企业搭载不同类型电子商务平台的情况如表1.3所示。

表1.3 湖北"两圈"企业搭载不同类型电子商务平台的情况

区域	搭载平台企业数量/家	综合平台		行业平台		区域平台		政府门户网站		总公司平台	
		数量/家	比例/%	数量/家	比例/%	数量/家	比例/%	数量/家	比例/%	数量/家	比例/%
武汉圈	13 258	8 671	65.4	6 974	52.6	1 154	8.7	—	—	—	—
鄂西圈	9 624	4 050	42.1	4 021	42.8	712	7.4	1 089	11.3	2 984	31

从搭载平台的类型来看,武汉圈开展电子商务的企业中,综合平台和行业平台的搭载率都在50%以上,区域平台的搭载率只有8.7%;鄂西圈中,搭载率高的也是综合平台(42.1%)和行业平台(42.8%),其次是总公司平台和政府门户网站,区域平台的搭载率最低,只有7.4%。区域平台的搭载率低的原因有三个:①区域平台的建设需要投入大量硬件,各地区区域平台数量较少;②区域平台自身功能不够完善,不能满足企业的个性化要求;③部分企业没有认识到搭载区域平台开展电子商务的意义。

4. 平台搭载种类单一,多类平台同时搭载较少

在对湖北"两圈"企业电子商务网络调研中发现,有些企业在开展电子商务的过程中同时搭载了多类平台。因此,平台搭载的种数多少,也能反映出企业开展电子商务水平的高低。湖北"两圈"企业搭载多类电子商务平台的情况如表1.4所示。

表1.4 湖北"两圈"企业搭载多类电子商务平台的情况

区域	搭载平台企业数量/家	综合平台		行业平台		区域平台		政府门户网站		总公司平台	
		数量/家	比例/%	数量/家	比例/%	数量/家	比例/%	数量/家	比例/%	数量/家	比例/%
武汉圈	13 258	10 182	76.8	2 784	21	252	1.8	—	—	—	—
鄂西圈	9 624	7 427	75.3	1 905	19.8	366	3.8	115	1.2	0	0

从搭载平台的类别来看,湖北"两圈"开展电子商务的企业中,搭载一类平台开展电子商务的企业占搭载平台企业总数的比例均在76%左右,同时搭载两类平台的比例均在19%左右,同时搭载三类平台的比例均不到4%,没有企业同时搭载五类平台来开展电子商务。搭载平台需要一定的费用(注册费、会员费、店铺费、维护费等),很多企业尤其是中小企业,只选择一类或两类平台来开展电子商务。

5. 利用平台发布信息居多,交流互动较少

从对湖北"两圈"的企业电子商务调查中发现,95%以上的企业在搭载的第三方电子商务平台上发布企业介绍、产品宣传或人才招聘等信息,并且介绍较简单;在线营销、在线订购、在线支付、在线服务功能的应用比例均不到10%。也就是说,企业在开展电子商务时,对平台的利用大多局限于交易前(网络宣传、营销)的应用,对于交易中(在线采购、在线支付)和交易后(在线售后服务)的互动应用较少。

1.2.4 电子商务平台的应用对策分析

1.2.4.1 根据平台特点与企业实际情况,合理选择搭载平台的类型

第三方电子商务平台类型众多,不同类型的电子商务平台有不同的特点。例如,综合平台具有行业覆盖面广、平台内容广度大、客户资源庞大等特点;行业平台显著的特点就是专业化、垂直化,平台内容深度大,行业分工精细;区域平台则主要是针对某一特定区域范围内的综合性或行业性平台;政府门户网站主要是由政府主办,具有权威性、公信力较大;总公司平台具有一定的隶属关系,专业性比行业平台更强。因此,企业在选择搭载平台时,应该根据自身的规模、技术、业务流程、产品、组织结构、所处的地理区域等要素,结合不同电子商务平台的特点,合理地选择第三方电子商务平台。如果企业交易合作的对象是另一些企业,可以选择B2B电子商务平台,如果企业直接和消费者产生交易,则可以选择B2C电子商务平台,还可以根据产品的特性,适时地选择综合电子商务平台或行业电子商务平台;如果想在某个区域内产生一定的影响,则可以考虑选择搭载区域平台;如果企业只是想宣传推广某一种产品信息,则可以选择一些信息发布平台。

1.2.4.2 尽可能搭载多类型平台,实现不同类型平台的优势互补

第三方电子商务平台的类型不一样,其优势也各不相同。因此,不同类型的平

台搭载组合将有助于企业更好地开展电子商务。企业搭载三个同类型平台与搭载三个不同类型的平台效果是不一样的。对于地方性的中小企业,通过对综合平台、区域平台和政府门户网站的搭载,在一定区域范围内能提高其影响力,扩大其产品销路,并且这些平台的组合搭载成本相对较低;而对于大规模企业,搭载综合平台、行业平台或者上级平台,则易于在更大范围内扩大市场份额,都利于企业产品影响力在广度和深度上展开。因此,企业在自身经济能力允许的情况下,应优先考虑搭载多类平台,将不同平台的优势充分利用起来,最终达到扩大产品销路,增加企业利润的目的。

1.2.4.3　充分利用平台提供的各项功能,实现真正意义上的电子商务

利用平台做好企业产品和服务的宣传与推广,发布企业和产品信息是电子商务平台的基本功能,也是企业利用最多的功能。企业应充分利用平台来发布一些对买方有用的信息,例如企业简介、企业文化、企业组织结构、企业供求、产品宣传、产品质量等信息,这样买方得到的信息比较全面,不会因为买卖双方信息不对称而影响后期的交易。在平台上发布信息时应注意图文并茂,并经常更新。

应充分利用平台提供的网上洽谈、在线订单、在线支付、售后服务等功能。国外有关研究表明,利用电子商务平台能帮助企业实现产品促销、供应商关系管理、客户关系管理与服务、内容管理、库存管理、ERP管理、数据流捕获、价格定制等功能。企业可以利用平台提供的网络留言、在线咨询、在线询价、在线音频、在线视频等功能,完全打破空间的限制,及时与买方实现网上洽谈,充分了解顾客的真实需求,这样有利于企业挖掘更多的潜在客户,促成更多交易。网上洽谈成功后,可以利用第三方电子商务平台提供的在线订单功能,让顾客在线提交联系方式、地址、产品数量、需求、备注等详细信息,企业可以利用这些信息准确及时地发送产品,同时也方便建立永久的客户关系,为后期的进一步交易与服务跟踪提供信息。在线支付是指买卖双方通过因特网上的电子商务网站进行交易时,银行为其提供网上资金结算服务的一种工具,它为买卖双方提供了一种安全、灵活、快捷、方便的电子商务应用环境。企业应利用平台的在线支付功能,实现在线支付。企业还应利用第三方电子商务平台提供的一些及时交流工具,做好完善的售后服务,实时与客户取得联系,关注客户对企业、产品以及服务的评价,利用这些有利的反馈信息,及时自我剖析,使企业的各项服务趋于完善。

企业还可利用平台提高企业信誉度。国内网络调查表明,90%以上的企业认为电子商务最大的问题是信用。由于不能确定对方是否讲信用,人们担心自己付出的资金和时间是否能够得到回报。因此,许多厂商虽然通过第三方电子商务平

台找到了客户,但却不敢达成交易。美国商业改进局认为,很多人不愿意网上购物,其主要原因在于企业的诚信问题。也就是说,"诚信"是制约电子商务活动的一个主要因素。现在很多第三方电子商务平台都提供了这样一个机制,对注册的会员建立诚信档案库,例如,阿里巴巴推出了网上交互式信用管理体系"诚信通"、慧聪网推出的"买卖通"网络诚信平台等。因此,企业要充分利用第三方电子商务平台的这类功能,提高企业信誉度,给客户以良好的印象。

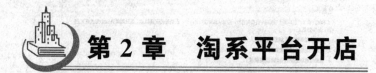

第 2 章　淘系平台开店

2.1　淘系平台开店

2.1.1　淘宝开店

阿里系网店有两个重要的分支,一个是淘宝 C 店(集市店,个人店铺);另一个是天猫商城。淘宝 C 店的申请仅需要身份证、银行卡和与银行卡预留一致的手机号码。

(1) 注册一个淘宝账号,进行实名认证,如图 2.1 所示。

(2) 登录淘宝账号,单击右上角的卖家中心,单击我要开店,进行实名认证,如图 2.2 所示。

(3) 根据页面提示进行开店考试,并根据页面提示进行操作。资料审核时间为 48 小时。淘宝实名认证的同时也要进行支付宝实名认证。

(4) 淘宝开店需要交纳 1 000 元的保障金,这个在店铺停止运营后可以申请退款。如有违规行为和处罚行为会从里面扣除。

(5) 申请开店之后需要发布 10 款商品,店铺才能正式上线,店铺后台如图 2.3 所示。

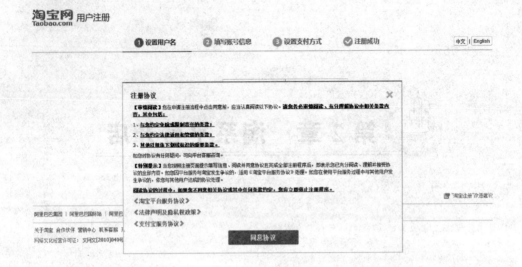

图 2.1　淘宝注册

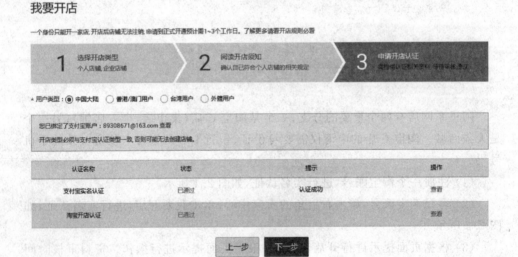

图 2.2　淘宝认证

（6）如图 2.4 所示，信誉在 1 钻以下的旺铺是免费的，一钻以上的旺铺每月需要缴纳 50 元的费用。淘宝的信用等级为每一笔交易好评增加 1 分，中评不加分，差评减 1 分。

图 2.3 店铺后台

图 2.4 淘宝信誉等级

(7)营销工具包括打折的工具、搭配套餐的营销工具、视频营销工具、淘宝宝贝关联营销工具,一般新店前期使用这四种就可以了。

随着对淘宝的熟悉可以增加一些付费工具的使用,这些工具都可以在我的服务页面找到和购买。随着电商行业的发展,网店的开设已经从粗放的管理模式升级成精细化的管理模式,任何一种商业行为都需要持续的付出和不懈的努力。

2.1.2 天猫开店

天猫商城成立于2008年,经过多年的发展,天猫开创的"双11"购物节,已经成为全球三大网络购物节之首。天猫的生态系统更加完善,逐渐成为传统企业开展电商的必经之路。天猫商城店铺主要分为旗舰店、专卖店、专营店、卖场型旗舰店,经营店铺的基本要求就是商家资质必须为公司且拥有各自的经营品牌,四者主要差别在于经营品牌的数量及对品牌的拥有权。图2.5所示为4种天猫店铺的简单介绍。

图 2.5 天猫店铺分类

1. 商家申请店铺资质要求

申请天猫店铺,需要具有法人资格,拥有品牌经营所有权,公司注册资本等于或者高于100万人民币,具备一般纳税人资格。天猫暂不接受个体工商户的入驻申请,也不接受非中国大陆企业的入驻申请,同时暂不接受未取得国家商标总局颁发的商标注册证或商标受理通知书的品牌开店申请(部分类目的进口商品除外),也不接收纯图形商标的入驻申请。多数类目对专营店暂不招商,对于卖场型旗舰店,多采取邀请入驻的方式。随着经营类目、网络环境的改变及国家政策的变化,商城的入驻规则也会有一些特殊及新的要求。

2015年3月9日天猫颁布新规定,天猫建立招商品牌库,库内品牌才能入驻。

商家不在天猫热招品牌库,也可以自荐优质品牌给天猫,申请时尽可能地展示企业和品牌实力的图文说明,天猫会对品牌进行价值评估。

(1) 企业资质列表(复印件加盖开店公司公章),包括:

① 企业营业执照扫描件(需确保未在企业经营异常名录中且所售商品在营业执照经营范围内);

② 银行开户许可证扫描件;

③ 法定代表人身份证正反面扫描件;

④ 联系人身份证正反面扫描件;

⑤ 商家向支付宝公司出具的授权书;

⑥ 一般纳税人资质(需具备一般纳税人资格)。

(2) 品牌资质列表(复印件请加盖开店公司公章),包括:

① 商标注册证或商标注册申请受理通知书扫描件;

② 独占授权书。

(3) 行业资质列表,包括:

① 检测报告;

② 店铺内经营的商品(每个品牌)须至少提供一份由第三方权威机构出具的检测报告,各类目需提供检测报告的商品及检测项目要求详情请参见《天猫抽检规范细则》;

③ 产品清单如图2.6所示。

如果商家申请入驻的品牌产品为进口产品,还需要提供近一年内的中华人民共和国海关进口货物报关单,报关单上应展现对应品牌名称及商品名称。

2. 店铺资费标准

店铺资费主要由以下三个部分组成。

(1) 保证金。

天猫经营必须交纳保证金,保证金主要用于保证商家按照天猫的规范进行经营,并且在商家有违规行为时根据《天猫服务协议》及相关规则规定用于向天猫及消费者支付违约金。保证金根据店铺资质及商标状态不同,分为5万元、10万元、15万元三档。图2.7所示为食品类目下粮油米面/南北干货/调味品R标品牌卖家旗舰店的投入费用情况。保证金不足额时,商家需要在15日内补足余额,逾期未补足将对商家进行监管,直至补足。

(2) 软件服务年费。

商家在天猫经营必须交纳年费,可以通俗地理解为店铺使用租金。年费金额

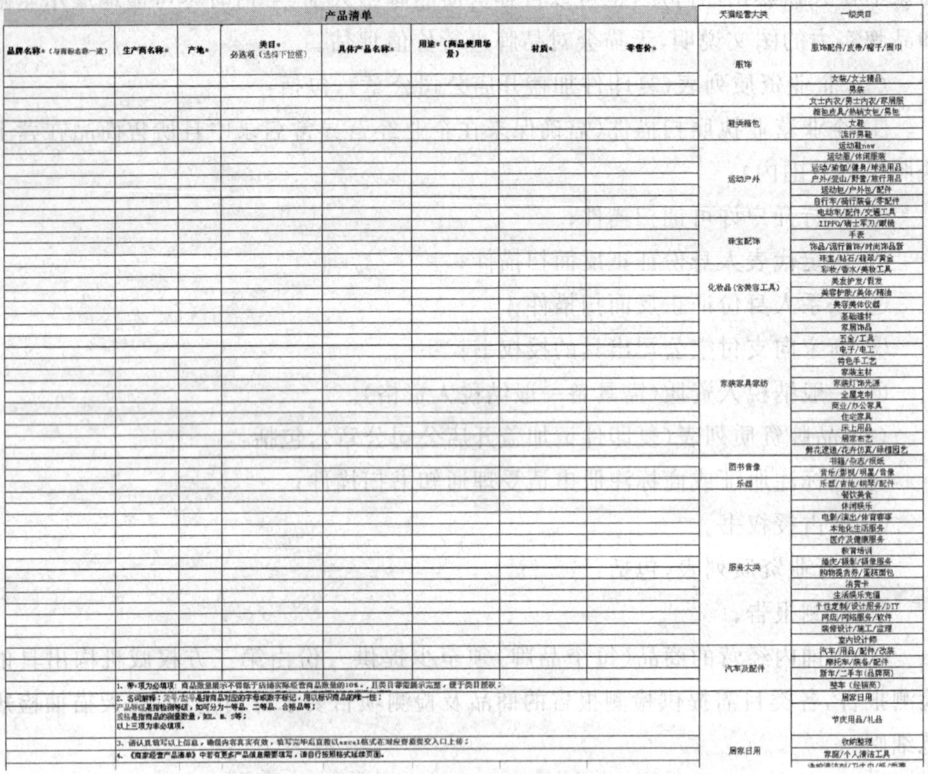

产品清单							
品牌名称*（与商标名称一致）	生产商名称*	产地*	类目* 必选项（选择下拉框）	具体产品名称*	用途*（商品使用场景）	材质*	零售价*

1、带*项为必填项：商品数量展示不得低于店铺实际经营商品数量的10%，且类目都需展示完整，便于类目授权；

2、名词解释：货号/型号是指商品对应的字号或数字标记，用以标识商品的唯一性；
产品等级是指检测等级，如可分为一等品、二等品、合格品等；
规格是指商品的测量数量，如L、M、S等；
以上三项为非必填项。

3、请认真填写以上信息，确保内容真实有效，填写完毕后直接以excel格式在对应资质提交入口上传；

4、《商家经营产品清单》中若有更多产品信息需要填写，请自行按照格式延续页面。

天猫经营大类	一级类目
服饰	服饰配件/皮带/帽子/围巾
	女装/女士精品
	男装
	女士内衣/男士内衣/家居服
鞋类箱包	箱包皮具/热销女包/男包
	女鞋
	流行男鞋
运动户外	运动鞋new
	运动服/休闲服装
	运动/瑜伽/健身/球迷用品
	户外/登山/野营/旅行用品
	运动包/户外包/配件
	自行车/骑行装备/零配件
	电动车/配件/交通工具
珠宝配饰	ZIPPO/瑞士军刀/眼镜
	手表
	饰品/流行首饰/时尚饰品新
	珠宝/钻石/翡翠/黄金
化妆品（含美容工具）	彩妆/香水/美妆工具
	美发护发/假发
	美容护肤/美体/精油
	美容美体仪器
家装家具家纺	基础建材
	家居饰品
	五金/工具
	电子/电工
	特色手工艺
	家装主材
	家装灯饰光源
	全屋定制
	商业/办公家具
	住宅家具
	床上用品
	居家布艺
	鲜花速递/花卉仿真/绿植园艺
图书音像	书籍/杂志/报纸
	音乐/影视/明星/音像
乐器	乐器/吉他/钢琴/配件
服务大类	餐饮美食
	休闲娱乐
	电影/演出/体育赛事
	本地化生活服务
	医疗及健康服务
	教育培训
	婚庆/摄影/摄像服务
	购物提货券/蛋糕面包
	消费卡
	生活娱乐充值
	个性定制/设计服务/DIY
	网店/网络服务/软件
	装修设计/施工/监理
	室内设计师
汽车及配件	汽车/用品/配件/改装
	摩托车/装备/配件
	新车/二手车（品牌商）
	整车（经销商）
居家日用	居家日用
	节庆用品/礼品
	收纳整理
	家庭/个人清洁工具
	洗护清洁剂/卫生巾/纸/香薰

图 2.6　产品清单

以一级类目为参照，分为 3 万元、6 万元两档。天猫将对软件服务年费有条件地向商家给予商业折扣，折扣比例为年费的 50％和 100％两档（新车/二手车类目除外）。实际经营期间折扣给予条件参照以下指标。

① 各项店铺评分(DSR)平均不低于 4.6 分；

② 未因违规行为/资质造假被清退；

③ 未因虚假交易、不当使用他人权利的一般违规行为，单次扣分大于等于 12 分累计达 2 次及以上；

④ 达到《天猫 2018 年度各类目年费软件服务费一览表》中软件服务年费金额及各档折扣比例对应的年销售额（商家当年所有交易状态为“交易成功”的订单金额总和，除去虚假的交易订单以及违规订单，该金额中不含运费，亦不包含因维权、售后等原因导致的失败交易金额及一级类目名称为“其他”项下的交易金额），如图 2.8 所示。协议有效期跨自然年的，则非 2018 年的销售额不包含在年销售额内。

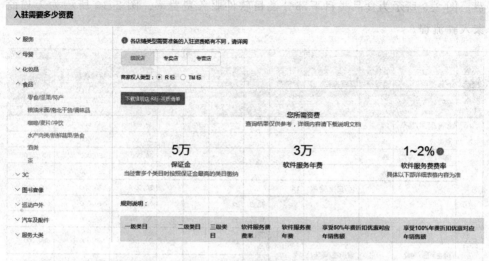

图2.7 店铺入驻费用

图2.8 软件服务年费余额及各档折扣比例对应的年销售额

小资料：

天猫规定首月免年费，如果是8月5日开店，那么销售额统计时间就为9月1日到12月31日，即4个月，相应的需要达到的标准就不同。计算方式是：18万元/12月＝1.5万元/月，4个月×1.5万元/月＝6万元，也就是说只需在这4个多月中做足6万元就可以返还50％年费，但是要返还全部年费，60万元/12月＝5万元/月，4个月×5万元/月＝20万元，需要4个多月中做足20万元。注意，这里的销售额是不包括运费的。如果天猫店铺涉及两个及以上的类目经营，那么取最高标准的这个类目。次年第一个季度会返还相应的技术年费，打款到天猫店铺相关的支付宝账号。

（3）软件服务费（实时划扣）。

商家在天猫经营需要按照其销售额一定百分比（简称"费率"）交纳软件服务

费。图 2.9 所示为食品类目下部分类目软件服务费费率。图 2.10 所示为天猫商家入驻流程。

天猫经营大类	一级类目	软件服务费费率	二级类目	软件服务费费率	三级类目	软件服务费费率	四级类目	软件服务费费率	软件服务年费（元）	享受50%年费折扣优惠对应年销售额（元）	享受100%年费折扣优惠对应年销售额（元）
食品	零食/坚果/特产	2%							30,000	180,000	600,000
	酒类	2%							30,000	180,000	600,000
	咖啡/麦片/冲饮	2%							30,000	180,000	600,000
	茶	2%							30,000	180,000	600,000
	粮油米面/南北干货/调味品	2%	米/面粉/杂粮	1%					30,000	180,000	600,000
			食用油/调味油	1%	蚝油	2%			30,000	180,000	600,000
					鱼露	2%			30,000	180,000	600,000
					花椒油	2%			30,000	180,000	600,000
					麻油	2%			30,000	180,000	600,000
					香油	2%			30,000	180,000	600,000
					其他三级类目	1%			30,000	180,000	600,000

图 2.9 食品类目下部分类目软件服务费费率

图 2.10 天猫商家入驻流程

3. 资料提交及审核

资料准备完毕，只需要按照流程在天猫招商频道，单击对应的类目、输入品牌、查询、提交入驻申请即可。按照提交流程填写店铺类型、类目信息、品牌信息、企业信息、店铺命名信息、提交审核即可。

提交天猫店铺类型、品牌、类目信息时，天猫会根据商家品牌影响力及天猫的品类结构和消费者请求再次提醒商家核实自己的资质。除了提交相应的品牌资料证书外,还需要提交如下资料。

① 品牌定位:风格、受众群体、货品单价;

② 品牌经营实力:品牌成立时间,线下经营情况(门店近一年交易额、外贸出口额等)、淘宝或其他平台经营情况;

③ 品牌特色:原创设计师品牌、特色服务;

④ 企业实力:工厂、企业获奖和运营计划等特色信息。

在店铺命名阶段,商家可以根据《天猫店铺命名规范》进行自主命名。命名规则如表2.1所示。

表2.1 天猫店铺命名表

店铺类型	命名规则	域名规则
旗舰店	品牌名+(类目)+旗舰店	品牌英文名(或者品牌中文名拼音)
专卖店	品牌名+企业字号+专卖店	品牌英文名(若无,则使用品牌中文名拼音)+企业字号全拼或者首字母
专营店	企业字号+类目+专营店	企业字号全拼或者首字母+品类名全拼或者首字母
注释	1. 店铺名字不得超过24个字符,支持中文、英文和数字; 2. 域名不得少于4个字符,支持英文、数字和"—"(英文状态下的横杠); 3. 多品牌旗舰店可选用经营中的任意一个品牌+(类目)+旗舰店命名; 4. 由商标权利人独占性授权开设旗舰店的,若独占授权书中有类目限制,或者该品牌有多条产品线,商家只经营其中一条产品线产品,则必须在店铺名字中; 5. 专卖店命名中,若企业字号与品牌名一致,则启用以下规则:品牌名+企业|行业词/区域+专卖店	

店铺提交完毕,就进入品牌评估和资质审核阶段,天猫后台会有进度提示,审核周期为3~6个工作日。如有需要修改的内容,天猫客服会联系商家进行修改。

4. 缴纳相关保证金,正式开始店铺运营

经过上述初步信息完善后,商家在对应的支付宝账户缴纳保证金,缴费24小时后即可发布商品。不同的类目要求发布商品数量不一样,一般为10个。

以上就是天猫店铺入驻的流程,国内众多的电商平台,如京东、唯品会、苏宁易购等,它们的注册申请流程跟天猫也是比较接近的,相关入驻流程及细节内容可以参考如下网址。

京东：https://zhaoshang.jd.com/index；

唯品会：https://vis.vip.com/stipulate/；

苏宁：https://sop.suning.com/。

2.1.3 熟悉店铺后台

了解店铺的功能是做好店铺经营的基础，要想经营好店铺就要首先了解店铺的后台功能结构。淘系店铺的管理包括：网络平台的各项规则，平台的前台（PC端、移动端）首页、类目页、店铺详情页布局，布局展示的内容，前后台对应情况等内容。

2.1.3.1 PC端后台功能

登录店铺后台，有很多导航选项，对于商家都是需要了解的功能。"我的工作台"是店铺日常管理的地方，"商家成长"是商家了解店铺体检统计报告的地方，商家最常用的就是"我的工作台"。

打开天猫"我的工作台"，主要包含以下几个模块。

1. 推广渠道管理

推广渠道管理模块主要是管理各种推广的渠道，包括海外推广和农村淘宝。

2. 我购买的服务

我购买的服务模块主要是商家购买的淘宝服务、营销推广、数据分析、客服管理。

3. 我的快捷菜单

我的快捷菜单模块主要是商家经常使用的一些重要功能，商家可以把经常使用的功能添加到快捷菜单，便于快速访问。

4. 营销中心

店铺营销是最重要的地方，营销活动中心、营销推广中心、营销工具中心、生意参谋等都在这个模块中，还有商家写作填表、视频营销、娱乐营销等。

5. 店铺管理

店铺管理的常用功能包括搜索流量管理、媒体中心、店铺装修、图片空间、宝贝分类管理、手机淘宝店铺、子账号个人信息管理、店铺品质管理、电子发票等功能。

6. 物流管理

店铺运营发货、打印快递面单和选择合作物流的模块,包括电子面单平台、智选物流等。

7. 宝贝管理

宝贝管理是店铺管理宝贝的地方,包括发布宝贝、无线宝贝管理、仓库中的宝贝、出售中的宝贝等。

8. 交易管理

交易管理功能有海外订单支持、分期管理、客户之声等模块,与淘宝的交易管理区别很大。

9. 客户服务

客户服务功能包括退款售后管理、天猫生意经、维修进度、服务数据看板、申诉中心等。

2.1.3.2 移动端后台功能

可以通过店铺管理手机淘宝店铺(wuxian.taobao.com)进入无线运营中心。

1. 无线店铺

无线店铺主要功能包括店铺装修、多媒体中心(无线端视频制作和互动系统)、自定义页面(无线端独立设置的独立页面)、店铺动态(商家在微淘发布的动态信息)、手机海报(无线端店铺营销工具)、装修市场(无线端市场模版系统)、详情装修(无线端详情页装修系统)。

2. 广播管理

广播管理主要是商家发布微淘信息的模块,包括发微淘、广播草稿、微淘动态、上新描述配置等操作区。

3. 互动营销

互动营销主要包括无线应用、我的互动等几个模块,用于无线端各种活动的设置。

4. 数据分析

数据分析主要集合了无线端店铺流量概况、页面单击情况和微淘数据分析。

5. 客户运营

客户运营主要集合了客户管理、运营计划(千人千面和智能营销)、忠诚度管理、工具箱、权益管理等功能。

6. 自定义菜单

自定义菜单具有创建模板、自定义菜单项、首页下部导航等功能。

7. 码上淘

无线端二维码生成和分析系统,将帮助用户将后端交易体系、云计算、大数据等基础设施,与手机、电视、PC、线下门店等终端无缝对接,最终帮助商家实现线下到线上的转化。

如果想要了解平台前台的每项结构展示的是什么内容,还需要了解相关功能的操作,比如淘宝助理、千牛平台(无线端 App)、淘宝 App 等的操作。

2.1.3.3 商品发布和店铺初始化

网店的商品发布,都是把商品编辑成在线信息,然后通过平台发布商品。如何在发布商品时体现商品特性,遵守平台规则并获得大的流量,是卖家要认真思考的问题。商品发布至关重要。店铺发布之初,不同类目的商家都要发布一定数量的商品,店铺才能上线。

1. 商品发布

商品发布首先需要选择商品类目,因为天猫卖家申请店铺时已经限定了类目,所以只能发布申请类目的商品,淘宝集市店铺则可以发布多个类目,如有特殊经营许可证的类目,需要申请相应的许可证之后才能发布。然后是填写品牌信息、商品参数和属性、物流信息等,如图 2.11 所示。

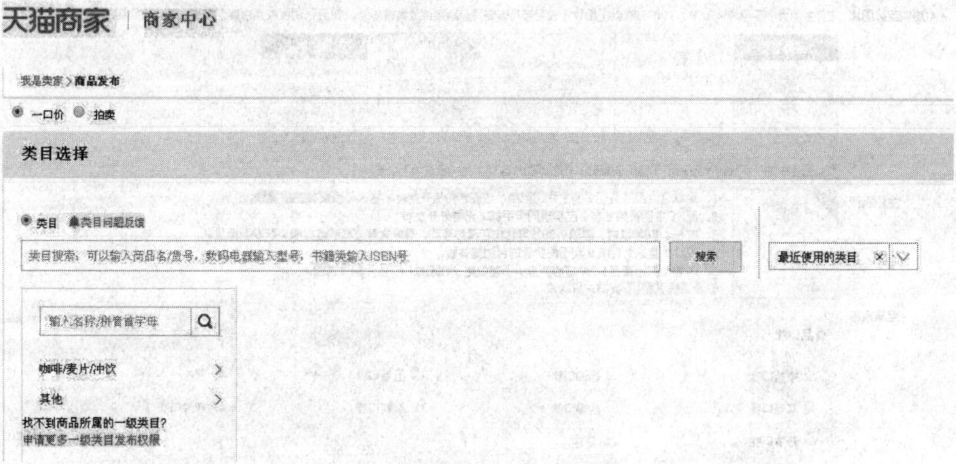

图 2.11 天猫发布商品

发布商品还需要选择物流模板和详情页模板,如果需要增加产品的 SKU,可以通过颜色分类进行相应的属性添加,也需要添加相应的售后信息。

淘宝和天猫发布后台相差比较大的就是商品图片和商品描述部分。商品图片:天猫需要将 PC 端和无线端商品图片分开发布,淘宝目前是一体的,只有第 5 张主图要求是白底,用来增加手淘首页曝光机会,如图 2.12 所示。商品描述:天猫后台采用了模板编辑模式(更加简单智能的编辑模式),而淘宝平台文本编辑模式和模板编辑模式都可以选择使用。

2. 店铺初始化

1)店铺基本设置信息

店铺创建完成后,商品数量补充完毕。需要填写店铺信息,完善店铺标志、简介信息、货源信息等。

2)物流和电子面单

商家物流管理后台可以管理电子面单和优选物流。选择物流,并且安装面单打印机。完成以上信息,还要进行首页和详情页的模板设计和装修。

2.1.4 淘系规则

每一个网络平台都有相应的规则来规范平台上买家和卖家进行公平的市场交易和各种行为,从而确保平台的正常运行。有专门针对不同行业卖家的规则,也有

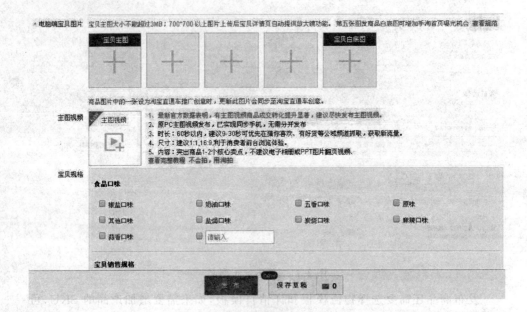

图2.12　淘宝商品图片添加页面

针对买家的规则。天猫相对于淘宝集市规则更加完善,天猫规则体系分为招商入驻、商品管理、经营管理、营销推广、消费者保障以及临时公告等几个版块,每一个版块都有详细的市场规则,旨在提供一个规范、高效的市场。

入驻规则和商品规则属于前置规则,违反规则会导致不能入驻、延迟入驻或商品无法发布,只需要按照规则修改即可通过,熟悉平台规则是开店以及后期运营的重要工作,只有在规则内运行,店铺才能发展,否则随时面临扣分、处罚甚至关店的风险。

下面介绍淘宝网各项违规类型。

2.1.4.1　一般违规(A类扣分)

1. 发布禁售信息

禁售信息是指《淘宝禁售商品管理规范》中构成一般违规行为的商品或信息。发布禁发商品及信息名录的按对应违规处理。

2. 滥发信息

(1)在商品类页面发布(同件商品在同一滥发情形中违规次数):第一次警告,

第二次下架商品,第三次下架商品并扣 0.2 分,第四次删除商品并扣 2 分。

(2) 在店铺装修区等其他页面发布:每次扣 4 分,并删除店铺、清除店铺装修、限制店铺装修发布 7 天或关闭店铺。

(3) 滥发信息情节严重:每次扣 6 分,并下架店铺内所有商品。

3. 虚假交易

(1) 单个商品涉嫌虚假交易:单个商品降权 30 天,多次发生的,降权时间滚动计算。

(2) 卖家第一次或第二次发生虚假交易行为:违规交易笔数未达 96 笔,仅对卖家的违规行为进行纠正,不扣分;违规交易笔数达 96 笔以上的每次扣 12 分。

(3) 卖家第三次发生虚假交易行为:违规笔数未达 96 笔的每次扣 12 分,违规笔数达 96 笔以上的每次扣 48 分,并下架全店商品。

(4) 卖家第四次及以上发生虚假交易行为的每次扣 48 分,并下架全店商品。

(5) 卖家的虚假交易行为造成严重后果的每次扣 48 分,并下架全店商品。

(6) 卖家刻意规避淘宝监管发生虚假交易行为或为他人提供虚假交易服务的,视为严重违规行为的每次扣 48 分。

4. 描述不符

(1) 符合总则中描述不符第一项所述情形的每次扣 12 分。

(2) 符合总则中描述不符第二项所述情形的每次扣 6 分;手机、女装/女士精品、男装、保健食品/膳食营养补充食品类目下,针对同一商品,第一次下架扣 3 分;第二次及以上删除并扣 6 分。

(3) 符合总则中描述不符第三项所述情形的每次扣 3 分;手机、女装/女士精品、男装、保健食品/膳食营养补充食品类目下,针对同一商品,第一次下架不扣分;第二次下架并扣 3 分;第三次删除并扣 6 分。

5. 违背承诺

(1) 符合总则中违背承诺第一项所述情形的每次扣 6 分。

(2) 符合总则中违背承诺第二项所述情形的每次扣 4 分。

(3) 符合总则中违背承诺第三项所述情形的:卖家在协商期主动赔付的(商品实际成交金额的 5% 作为违约金,且金额最低不少于 1 元,最高不超过 30 元),不扣分,但每累计达 3 次,将追加扣 3 分;协商期过后,淘宝介入处理的,按上述标准赔付,并每次扣 3 分;滥用违背规则发起赔付申请的,不强制支持赔付,由买卖双方自行协商确认,亦不扣分。

6. 竞拍不买

每次扣 12 分,并须按照《淘宝拍卖业务管理规范》相关规定处理拍卖流程中最终锁定的拍卖保证金。

7. 恶意骚扰

每次扣 12 分,情节严重的,视为严重违规行为的每次扣 48 分。

8. 不当注册

每次扣 12 分。

9. 未依法公开或更新营业执照信息的

每次扣 12 分。

10. 不当使用他人权利

每次扣 2 分。

2.1.4.2 严重违规(B 类扣分)

1. 发布违禁信息

违禁信息是指《淘宝禁售商品管理规范》中构成严重违规行为的商品或信息。发布禁发商品及信息名录的按对应违规处理。

2. 假冒材质成分

特定类目卖家假冒材质成分的每次扣 12 分;其他情形首次扣 6 分,再次及以上每次扣 12 分。

3. 盗用他人账户

每次扣 48 分。

4. 泄露他人信息

每次扣 6 分。

5. 骗取他人财物

每次扣 48 分。

6. 扰乱市场秩序

每次扣 24 分,情节严重的,每次扣 48 分。

7. 不正当牟利

(1) 在商品类页面发布(同件商品在同一滥发情形中违规次数):第一次警告,第二次下架商品,第三次下架商品并扣 0.2 分,第四次删除商品并扣 2 分。

(2) 在店铺装修区等其他页面发布:每次扣 4 分,并删除店铺、清除店铺装修、限制店铺装修发布 7 天或关闭店铺。

(3) 滥发信息情节严重的每次扣 6 分,并下架店铺内所有商品。

8. 虚假交易

(1) 不正当牟利的每次扣 48 分。

(2) 不正当牟利未遂的每次扣 12 分。

(3) 视同不正当牟利行为。

(4) 会员为淘宝工作人员的每次扣 48 分。

(5) 关联人士且未申报的每次扣 24 分。

(6) 关联人士利用工作人员职务之便的每次扣 48 分。

(7) 拖欠淘宝贷款的每次扣 48 分。

2.1.4.3 严重违规(C 类扣分)

出售假冒商品的处罚如下所述。

(1) 卖家出售假冒、盗版商品且情节特别严重的每次扣 48 分。

(2) 卖家出售假冒、盗版商品且情节严重的每次扣 24 分。

(3) 卖家出售假冒、盗版商品,通过信息层面判断的,每件扣 2 分(3 天内不超过 12 分);实际出售的,每次扣 12 分。具备特殊情形的,只删除不扣分。

(4) 为出售假冒、盗版商品提供便利条件的每次扣 2 分;情节严重的每次扣 12 分。

注意:售假单独累积。

2.2 淘系网店运营

据第三方统计,截至 2016 年淘宝店铺开设 900 多万家,商品超过 10 亿个。淘宝竞争的压力主要来自同业竞争,如何在众多的商家中脱颖而出,获取流量是摆在淘宝卖家面前的难题。淘宝的流量主要来源有站内和站外,站内的流量主要来自免费的网站搜索流量、淘宝活动、微淘社区流量、直播流量等,还有付费推广、直通车推广、淘宝客推广等;站外的流量包括搜索引擎流量、搜索引擎广告流量、论坛博客流量、社区流量、淘宝站外活动流量等。

搜索引擎(Search Engine Optimization,SEO)时代互联网呈现中心化,所有的用户与信息都是通过搜索引擎这个中心,用户和信息需要通过搜索引擎来链接,搜索引擎就是互联网的中心。随着互联网的发展,各种自媒体的发展,每个人都是一个自媒体,每个自媒体都是中心,这时互联网正在去中心化。去中心化将是未来的趋势,淘系的个性化标签、"千人千面"也都是去中心化的表现。做好淘系 SEO 的工作就是注意避免触犯淘系反作弊违规机制,选好类目、做好标题与关键字描述、卖家服务、商品人气等一系列的工作。

2.2.1 淘系推广之直通车

2.2.1.1 功能介绍

直通车是一种付费推广的竞价广告系统,类似"百度竞价"以及"谷歌 AdWords",商家通过直通车后台设置关键字、创意文案、排名出价,用户通过搜索关键字查看搜索结果,商家按照客户单击付费的一种广告模式。淘宝 SEO 直通车虽然是在付费基础上的流量推广,但其见效快、针对性强,是商家快速引流的几大工具之一,不但可以用来提高销量,还可以在商品上新前测款、商品发布初期快速引流、宝贝上架后打造爆款等功能(图 2.13 和图 2.14)。

第 2 章　淘系平台开店

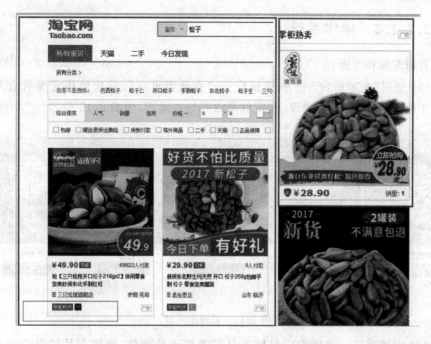

图 2.13　直通车展示位置 1

图 2.14　直通车展示位置 2

2.2.1.2 操作手册

直通车操作手册如下。

(1) 通过"卖家后台"—"我要推广"—"直通车推广",首次使用需要符合开通直通车的条件,然后签署协议、充值就可以开通直通车,如图 2.15 所示。

图 2.15 直通车入口

(2) 新建推广。选择推广目标是日常销售还是测款,添加商品的系统会自动提取商家可以参加直通车推广的商品,选择优选宝贝进行推广,如图 2.16 所示。

图 2.16 商品选择

(3) 添加创意,就是选择推广的主图和编辑标题。

(4) 关键字的选择。关键字系统会提供一些关键词供商家选择,如图 2.17 所示。选择好商品后,就要修改创意和选择图片,按照淘宝的要求填写创意。

图 2.17　出价买词

（5）选择人群。随着"千人千面"和"人群标签"的发展，会有更多精细化的人群供商家选择，对于客户的定位也将更加的精准。

（6）批量推广是直通车为商家提供的智能化推广功能，只需要进行简单的计划设置，即可开始直通车推广。

直通车的排名是关键词出价和质量得分的总和排名，不是出价最高就可以得第一名，而是系统根据商家的综合表现给出一个质量得分，出价和质量得分共同决定商家的排名。宝贝推广排名＝出价×质量得分。影响质量得分的因素有创意质量、相关性、买家体验等。

2.2.2　淘系推广之钻石展位

2.2.2.1　功能介绍

钻石展位是多媒体竞价推广平台。它可以展现图片、文字、视频，以流量大、展示灵活等优势受到商家的重视。近年来随着广告位的不断优化，"千人千面"的不断发展，整个钻石展位的应用更加广泛，也逐渐由品牌商家发展到普通商家的首选。

初次使用钻石展位需要先参加一个小考试,开通账户。其步骤如下:

(1) 账户充值:首次充值300元用于今后的广告投放;

(2) 选择资源位:选择全网优质资源;

(3) 制作创意:完成创意制作,用于推广商品或店铺;

(4) 创建营销计划:圈定目标人群,设置好营销计划,成功投放。

1. 产品优势

(1) 超大流量。覆盖全国80%以上的网购人群,淘内淘外几十亿的海量流量可供选择。

(2) 精准定向。提供多种精准定向方式,锁定目标人群。出价灵活,支持展现付费(CPM)和单击付费(CPC),流量更精准,成本更可控。

(3) 一键推广。在日常销售中,针对不同场景定制个性化营销策略,提升效果。

(4) 高效创意。千套模板多维推荐,轻松打造优质创意;系统智能择优投放,测图测款全程托管。

(5) 精准优化。报表界面升级,数据更加清晰明了,可量身打造优化方案。

2. 展示位置

钻石展位分布于淘宝首页、内页频道页、淘宝无线App端,以及淘宝站外如新浪、腾讯、优酷等各大优势媒体。在钻石展位后台"资源位"中查看,分19个行业,其中"网上购物"为淘宝站内的资源位,其他为全网资源。

3. 收费模式

按照CPM竞价收费,即按照每千次展现收费。如你出价5元,那么你的广告被人看1 000次收取5元。钻石展位系统会自动统计,并在钻石展位后台报表中给予反馈,对于不满1 000次的,展现系统会自动折算收费。单击单价(消耗/单击数)是系统计算得出的数据,系统给出单击单价并不就是按照单击收费,因为投放了钻石展位后获得的图片单击量才是真正进到你店铺的流量,因此单击单价就是你的引流成本,是需要在投放时关注的重要数据指标。

2.2.2.2 操作手册

钻石展位操作手册如下。

（1）钻石展位开通以后，首次充值 300 元。

（2）选择推广店铺或者单品引流，如图 2.18 所示。

图 2.18 钻石展位新建计划

（3）设置营销参数，如营销场景、付费模式等，如图 2.19 所示。

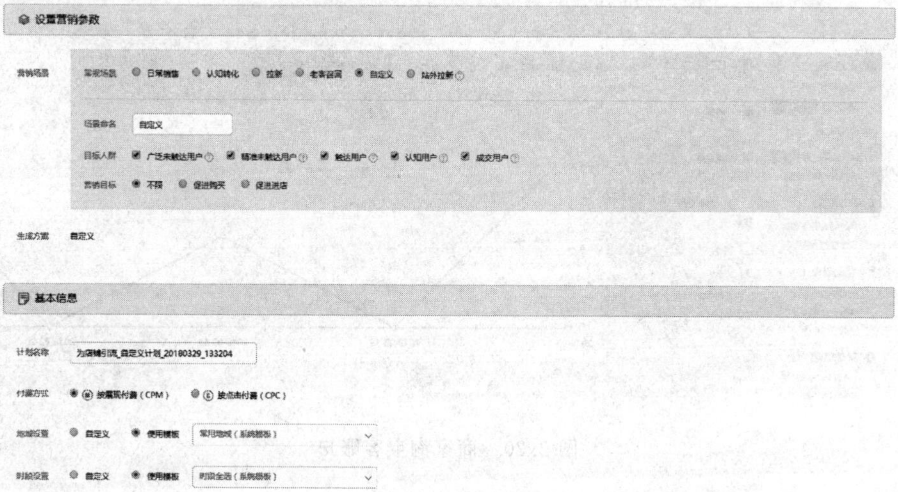

图 2.19 设置营销参数

(4) 设置创意,完成设置开始推广。

商家根据自己的商品和店铺选择资源位进行推广。另外,钻石展位还可以选择通投或者定向投放推广人群,商家根据需要选择不区分人群或者选择特定人群进行投放。

2.2.3 淘系推广之淘宝客

2.2.3.1 功能介绍

淘宝客推广是按照成交计费(CPS)的广告模式,区别于淘宝直通车的按单击付费,按照实际交易完成计费。淘宝客支持单个商品和店铺的推广方式,商家可以针对某个商品或者店铺设定推广佣金,淘客佣金=成交金额×交易佣金。佣金在0.1%～90%设置范围任意调整,推广者往往喜欢高佣金商品。对于商家来说,淘宝客是一种稳赚不赔的广告形式。买家通过推广的链接进入完成交易后,淘宝卖家支付一定比例的佣金给帮助推广的淘宝客。商家淘宝客账户如图2.20所示。

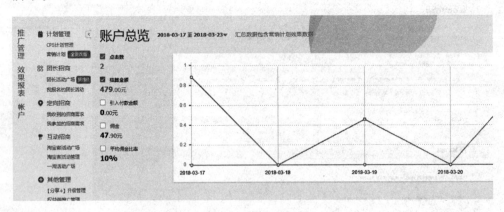

图2.20 商家淘宝客账户

2.2.3.2 商家淘宝客操作手册

1. 开通账户(图2.21)

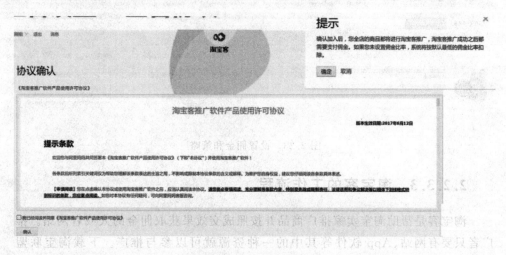

图 2.21 开通账户

2. 添加商品,达到要求的商品可参加推广(图2.22)

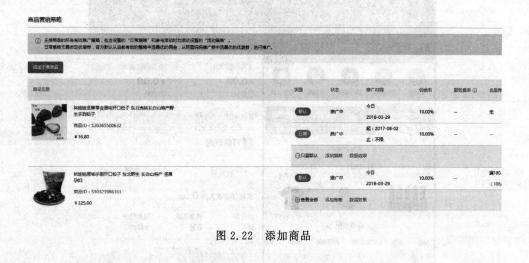

图 2.22 添加商品

3. 设置佣金和策略(图 2.23)

图 2.23　设置佣金和策略

2.2.3.3　淘宝客的工作流程

淘宝客是帮助淘宝卖家推广商品并按照成交效果获取佣金的人或者网站。推广者只要有网站、App 软件等其中的一种资源就可以参与推广。下载淘宝联盟 App 后,用手机就可以完成淘宝客推广的工作(图 2.24)。

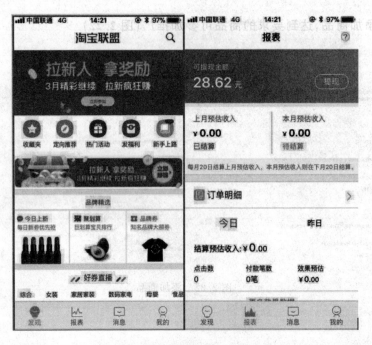

图 2.24　淘宝联盟 App

(1) 登录淘宝联盟的淘宝账户必须通过实名认证。

(2) 设置推广位(图 2.25)。

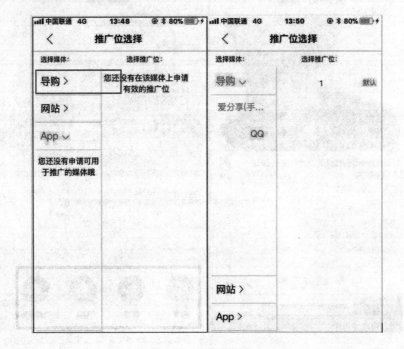

图 2.25 设置推广位

(3) 到商品页选择想要推广的商品,单击"分享",再选择相应的推广方式发布到自己的网络资源上进行推广(图 2.26)。

2.2.4 淘系店铺活动及工具使用

2.2.4.1 店铺促销

店铺活动就是商家以品牌宣传、新品预售、打折促销、积累客户为目的,借助节日、事件为载体,通过优惠券、积分、满减等手段有机会实施的一系列促销活动。与淘宝官方活动不同,店铺活动运营主体为商家,与实体店线下活动接近,在平台规则框架内,店铺可以自主进行活动,营销目的更加明确。对促销工具的使用,集市店铺是需要付费的,一般淘宝官方针对天猫商家实行免费,通过"软件服务/产品"订购页面去订购店铺营销工具,订购成功后每月从支付宝扣费。

淘宝后台为淘宝商家提供了一系列的营销工具,如满送、满减、限时打折、搭配

图 2.26 淘宝联盟分享

套餐、卡券、购物车营销等。

(1) 天猫商家促销工具,如图 2.27 所示。

天猫商家除了使用上述淘宝促销工具外,还提供了一套专享的天猫商家促销工具,虽然功能比较类似,但是对比淘宝工具还是有很多优化,比如特价宝、用户限购、搭配宝、店铺优惠等。

(2) 其他营销工具,如图 2.28 所示。

除了上述营销工具外,商家还可利用淘宝的淘金币营销工具和第三方服务提供的促销工具,如团购、抽奖等。

图 2.27 天猫商家促销工具

图 2.28 服务商营销工具

2.2.4.2 淘系店铺工具的应用

1. 满就送

1) 满就送概述

满就送是淘宝给商家的一款店铺促销工具。当买家在商家店铺消费满一定金额的时候,商家就可以给买家送出各种服务,包括直接减少现金、包邮及送积分、优惠券、刮刮卡等。由于满就送有时间限制,同时有一定金额门槛的限制,所以开通满就送可以调动买家购买欲望、提升客单价。

2）满就送的设置

满就送设置步骤为："营销中心"—"促销管理"—"工具列表"—"满就送权益"。设置主要有时间、使用条件、发放范围、数量阶梯、赠送内容等。目前满就送提供的有权益、满减、价格、打折、包邮等。

2. 搭配套餐

1）搭配套餐概述

搭配套餐是淘宝提供给商家的一款比较实用的工具。目前集市店铺卖家需要订购使用。虽然搭配套餐没有时效性，用搭配套餐组合商品的价格优势，可以让更多进店的人购买店铺商品，进而提高整体交易额，如图2.29所示。利用搭配套餐让商家的订单量和店铺人气双重增加，事半功倍。

图2.29　搭配套餐服务销售页面官方搭配

2）搭配套餐的使用

商品在搭配过程中，一定要注意商品结构的搭配，关联性要强。最多可以设置50个搭配促销套餐。搭配套餐的总价要低于单个宝贝原价总和，如果搭配总价高于单个宝贝原价总和时，系统将自动按原价总和购买。搭配套餐最多可以同时搭配5个商品，新搭配套餐里的商品都可以减库存，每个套餐商品都可以由买家评价。

3. 优惠券

1）优惠券概述

优惠券是通过多种渠道推广的电子券，有使用期限，可以促成消费者快速下单。优惠券可以设置成全店使用，也可以设置成商品专属优惠券。通过设置优惠金额和使用门槛，刺激转化提高客单。

2) 优惠券的使用

优惠券设置步骤为"我是卖家"—"营销中心"—"促销管理",单击"优惠券",进入设置页即可设置优惠券的详细参数,如面额、限定条件等。优惠券可以通过旺旺发送给客户,也可以用短链接的形式用短信发给客户。优惠券可以设置领取链接让买家自己领取,也可以设置成全网发放,即淘宝自动把它推广到一淘网优惠券上让买家自助领取。

2.2.5 淘系活动之聚划算

2.2.5.1 淘宝官方活动概述

淘宝官方活动和第三方活动是指淘宝或第三方服务商组织的促销和优惠活动,展现在淘宝官方和第三方平台的专题频道和专题页面。由于这些活动目标精准、受众广泛、流量巨大,商家适当参加这些活动可以帮助商家迅速打开销路,积累客户,提升品牌知名度。近年来阿里生态又衍生出许多新的营销方法,如淘宝直播、阿里 V 任务等淘系专属营销活动。

淘宝官方活动主要包括行业营销活动、品牌活动、节庆活动、无线手淘活动、阿里旅行活动等几个大类。

1. 行业营销活动

行业营销活动包括母婴、村淘、男装、女装、化妆品、家电等不同类目的活动,流量入口分布在行业频道页。

2. 品牌活动

品牌活动包括聚划算、淘抢购、中国质造、极有家、特色中国、全球购、淘金币、淘宝公益等活动,这类活动面向整个淘宝平台,流量大、受众广,对品牌推广和销量拉动都有很好的效果。

3. 节庆、专题活动

面向节庆、主题的专场活动有"11.11""12.12""七夕"专场活动。其中"11.11"已经成为全球最大的购物节,影响力非常大。

4. 天猫专属活动

天猫卖家除了可以参加全网活动,还有专门的活动(图 2.30),只有天猫卖家可以参加,淘宝C店及企业店铺则无法报名参加。有的活动对天猫店铺免费开放,集市商家则需要付费。

图 2.30 天猫年度专属活动

2.2.5.2 聚划算

聚划算是团购平台的一种形式,由淘宝网官方组织的一种线上团购,目前互联网为数不多的几家团购平台之一,依托淘宝网巨大的流量,从淘宝的一个频道到现在成为独立于淘宝的一个部门。今天聚划算还在不断地变化,当然变化更多的是从客户出发、围绕精准人群,让消费者更好地找到合适的产品,也让商家创造出更适合消费者的产品。

1. 聚划算活动的分类

1) 商品团

商品团是限时特惠的体验式营销模式。特点是超佳的爆款营销渠道和超低的用户获取成本方式,快速规模化地获取新用户。

2) 品牌团

品牌团是基于品牌限时折扣的营销模式。特点是品牌规模化出货,快速抢占市场份额,提升品牌认知,浅库存,多款型的品牌折扣。

3) 聚名品

聚名品是精准定位"中高端消费人群"的营销模式。特点是以"轻奢、超 in 潮流、快时尚"为核心定位,帮助商家快速成长,聚集高端品牌,采用灵活的佣金收费方式,具有单品团、品牌团多种活动玩法。

4) 聚新品

聚新品是全网新品首发第一站,快速引爆新品类及新商品。特点是快速积累新用户群体,形成良好的口碑传播。根据新品评级确定置顶,商家需提供新品营销方案。

5) 竞拍团

竞拍团是中小卖家快速参聚的营销模式。特点是采用全流程系统审核,维度丰富,中小商家参聚机会大。通过市场化的竞价方式,竞拍费用反映参聚意愿,商家掌握更多参聚主动权。

2. 聚划算报名流程

第一步:聚划算报名入口在聚划算频道"ju.taobao.com"—"商户中心"—"我的工作台",商家在商户后台营销中心就可以报名(图2.31)。

第二步:进入已通过人工审核的商品列表,选择报名商品并提交。

第三步:补充商品信息详情。

店铺要求:集市店必须为五钻以上的消保旺铺(化妆品店铺必须是加入假一赔三),且好评率要大于98%。商城店的店铺综合动态评分需在4.6分及以上,"宝贝与描述相符"项4.6分及以上;店铺开店时间大于90天;店铺不得在处罚期,不得涉嫌信用或交易炒作;店铺有较强运营能力,承诺遵守聚划算活动卖家服务规则。店铺需承诺在活动下线后7天内(最好在5日之内)完成发货,并承诺因发货延迟、货不对版等问题引起买家申请退货退款,运费由卖家承担;若商家不能完成7天内发货,聚划算有权对商家进行处罚。

3. 聚划算收费

(1) 基础收费模式。活动前预交基础技术服务费。活动结束时,实时划扣技术服务费(实时成交量×实时划扣技术服务费的费率)小于基础技术服务费的时候,所有的费用就等于封顶技术服务费。实时划扣技术服务费小于封顶技术服务

图 2.31 聚划算报名

费、大于基础集市服务费的时候,所有的费用就以实时划扣技术服务费结算。基础费用及封顶费用标准均与天数相关,单品团基础费用的标准为 2 500 元/天,封顶费用的标准为 25 000 元/天,品牌团基础费用的标准为 25 000 元/天,封顶费用的标准为 50 000 元/天。

(2) 实时划扣技术服务费的模式。此模式既免除基础费用的缴纳要求,也不设置封顶费用,仅按照确认收货的成交额及应对类目的技术服务费实时划扣技术服务费。部分品牌或者类目还可以打折。

(3) 固定费用收费模式。通过活动审核后提前支付一笔固定技术服务费。

(4) 竞拍费用收费模式。此模式类似于基础收费模式,把预交的基础技术服务费改成竞拍成功的费用,而不设置封顶费用,结算类似基础收费模式,其起步竞拍费为 2 500 元。

2.2.6 淘系活动之淘抢购

淘抢购活动力度大、形式灵活、活动入口多。在 PC 端搜索栏下、无线端首屏都有淘抢购入口。淘宝、天猫商户都可以免费报名参加,展示的位置在淘宝手机客户端的主页第二行,位置非常好,根据以往参加商家反馈,几个小时内就可以带来很大的销量。

报名要求:报名商品需达到 30 天销量不低于 10 件,价格为 30 天最低价 9 折打底。淘抢购的费用包括保底费用、实时划扣费用和奖励费用(报名货值=抢购价×报名数量,保底费用=报名货值×30％×类目收费费率)。

1. 日常单品抢购

单品类活动(如日常单品活动、今日必抢、抢洋货、抢大牌等)是针对日常单品开展的抢购活动。目前单品类活动全天共 18 个场次,分别为 0 点场、7 点场、8 点场、9 点场、10 点场、11 点场、12 点场、13 点场、14 点场、15 点场、16 点场、17 点场、18 点场、19 点场、20 点场、21 点场、22 点场、23 点场,活动售卖时间为 24 小时。活动开始后,需为消费者提供优质服务,遵守淘抢购活动卖家管理细则。

2. 今日必抢、抢大牌、抢洋货

今日必抢、抢大牌、抢洋货是针对更有竞争力的商品开展的抢购活动。和日常抢购单品同样展示在列表页,一般展示在页面首部,位置相对较少。

3. 品牌抢购

品牌抢购是专门为品牌商家开辟的活动频道,展示在品牌抢购区,每个商家可以以品牌的形式展示一系列的商品。

4. 急速抢

急速抢是针对无线用户特点而全新推出的短时限量特卖频道。频道内每个商品展示 10 分钟,最多只销售 100 件库存,时间结束或者被抢光活动结束。

2.2.7　淘系活动之淘金币

淘金币平台相当于会员积分系统,平台有巨大的流量,淘宝用户可以在淘宝体系内赚取金币,然后在淘金币平台抽奖、兑换商品或在商品购买中抵现,对商家的吸引力极大。淘金币入口非常多,淘宝右侧淘金币、旺旺快捷菜单、旺旺每日焦点等都有。

2.2.7.1 淘金币分类

1. 品牌汇

品牌汇重品牌维度,各类目优异品牌商家独立成主题,一主题一商家,3天/期,有独自活动页面且在淘金币主页有独立展示,适用于商家集市。头部品牌商家活动费用免佣金,收取一定量淘金币＋兑换产品＋保证金。

2. 主题购

主题购以购物需求和类目进行细分,一主题多商家,3天/期,收取一定量淘金币＋兑换产品＋保证金。

2.2.7.2 淘金币报名流程

淘金币报名页面如图2.32所示。

图2.32 淘金币报名页面

2.2.8　淘系活动之天天特价

2.2.8.1　天天特价概述

天天特价是服务于淘宝网集市店铺和天猫商家的活动平台，致力于为消费者提供物美价廉的商品，活动分为3大类型：天天特价清仓特卖、天天特价9.9元包邮、天天特价日常单品。自2018年1月19日开始，天天特价已经开放对天猫（包括天猫国际）商家进行招商。要求报名淘宝店铺门槛从原先的3钻优化为1钻。

2.2.8.2　操作手册

打开图2.33所示页面就可以报名，天天特价对宝贝和店铺挂淘金币LOGO、宝贝标题有着明确的要求。尽管参加活动和店内促销可以带来可观的流量、收藏量，提升转化率。但是并不是所有的活动和促销带来的转化率和销量都计入搜索统计。

图2.33　天天特价报名页面

2.2.9 淘系活动之"11.11"

天猫"11.11"购物狂欢节是淘系网店的网络促销日,经过几年的发展,已经成为全球购物节。在 2017 年"11.11"购物日当天成交额就达到 1 682 亿元。"11.11"活动流程如表 2.2 所示。

表 2.2 "11.11"活动流程

阶段一	阶段二	阶段三	阶段四	阶段五
海选报名	会场及外围报名	素材招商	报名发现会场	活动开始
9月8日10:00—9月25日23:59	9月26日—11月11日	9月26日—11月11日	10月31日—11月11日	11月1日—11月11日
完成报名	会场报名	承接页装修	报名新发现会场	预热活动
等待结果公布	9月26日—10月18日	设置淘客外推页面	11月1日—11月10日	11月1日—11月10日
查看卖家大会	外围报名 9月26日—11月11日			正式活动 11月11日

"11.11"活动分外围和主会场,有一定销量权重基础的宝贝都会受到"双11"外围邀请,主会场需要对接淘宝小二进行报名。

参考文献

[1] 谭云明,郑坚.新闻编辑学[M].武汉:华中科技大学出版社,2016.
[2] 王利锋.网店运营实务[M].2版.北京:人民邮电出版社,2016.

第 3 章 京东运营

3.1 京东开店

3.1.1 开店流程

京东成立于1998年,京东多年来"自营"的模式已经深入人心,也是目前中国最大的自营式电商企业。近年来,越来越多的优质第三方(POP)商家入驻京东。京东获得了无数消费者的信赖,积累的自营优势可以助力商家更好发展。图3.1所示为京东首页。本章将详细介绍京东开店流程。

3.1.1.1 入驻前准备

1. 了解招商信息

(1)品牌。如果不在京东重点招募品牌中,则可以推荐优质品牌给京东,部分类目不限定品牌招商,比如农产品类目。

(2)企业。合法登记的企业用户注册资金不能低于50万人民币,并且能够提供京东入驻要求的所有相关文件,不接受个体工商户。

图 3.1 京东首页

(3) 品牌入驻限制。与京东平台已有的自有品牌、频道、业务、类目等相同或相似名称的品牌。包含行业名称或通用名称的品牌,知名人士、地名的品牌,与知名品牌相同或近似的品牌。

(4) 同一主体入驻店铺与开放平台限制。

① 单个店铺只可对应一种经营模式,各经营模式内容请参考与卖家签署的对应合同;② 同一主体开设若干店铺的,经营模式总计不得超过两种,且须在开展第二种经营模式时提前 10 日向京东提出书面申请;③ 要求店铺间经营的品牌及商品不得重复;④ 严重违规、资质造假被京东清退的,永久限制入驻;⑤ 若卖家一自然年内主动退出 2 次,则自最后一次完成退出之日起 12 个月内限制入驻。

(5) 续签限制。须在每年 3 月 1 日 18 时之前完成续签申请的提交,每年 3 月 20 日 18 时之前完成平台使用费的缴纳,如果上一年及下一年资费及资料未补足,京东将在每年 3 月 31 日 24 时终止店铺服务并下架商品。

2. 准备资质材料

一是查询入驻类目所需资质和费用,不同类目的资质和费用会不同。准备的资料需加盖开店公司公章。

二是入驻商家需要提供营业执照复印件、组织机构代码复印件、税务登记证复印件、开户银行许可证复印件、商标注册复印件、品牌销售授权证明复印件、质检报告复印件或产品质量合格证明。

3. 开店费用

1）保证金

（1）保证金是卖家向京东缴纳的用以保证店铺规范运营及对商品和服务质量进行担保的金额。当卖家发生违约、违规行为时，京东可以依照与卖家签署的协议中相关约定及京东开放平台规则扣除相应金额的保证金作为违约金或给予买家的赔偿。

（2）保证金的补足、退还、扣除等依据卖家签署的相关协议及京东开放平台规则约定办理。

（3）京东开放平台各经营类目对应的保证金标准详见《京东开放平台经营类目资费一览表》。

2）平台使用费

平台使用费是卖家依照与京东签署的相关协议使用京东开放平台各项服务时缴纳的固定技术服务费用。京东开放平台各经营类目对应的平台使用费标准详见《京东开放平台经营类目资费一览表》。续签卖家的续展服务期间对应平台使用费须在每年3月20日18时前一次性缴纳，新签卖家须在申请入驻获得批准时一次性缴纳相应服务期间的平台使用费。

3）费率

费率是指卖家根据经营类目在达成每一单交易时按比例（该比例在与卖家签署的相关协议中称为"技术服务费费率"或"毛利保证率"）向京东缴纳的费用。京东开放平台各经营模式、各经营类目对应的费率标准详见《京东开放平台经营类目资费一览表》。

4. 开通京东钱包

提前开通京东钱包可在入驻审核后的开店任务中直接使用，注册京东钱包及钱包实名认证预计需2个工作日。开通京东钱包不影响店铺入驻资质的提交及审核，开通后再注册。

3.1.1.2 入驻申请

1. 注册账号

先注册京东个人用户账号,录入开店联系人的信息和公司信息。选择想要的店铺名称和域名。

2. 提交申请

签署合同后提交入驻申请,提交资料等待审核。

3.1.1.3 京东审核

京东审核程序如表3.1所示。

表3.1 京东审核程序

资质初审要求	招商复审	审核进度查询	缴费
1. 资质真实有效; 2. 规模达到入驻要求; 3. 授权有效,链路完整; 4. 生产、经营范围、产品安全性、资质完整、符合国家行政法规许可要求	1. 招商复审; 2. 店铺授权	1. 商家可查询入驻审核进度; 2. 入驻过程中的重要信息,京东会以邮件联系	1. 在线支付; 2. 京东确认缴费无误,店铺状态变为开通
7个工作日	8个工作日	邮件沟通	1个工作日

3.1.1.4 商品上架

商品上传是电商开店的重要部分,本节重点讲解京东商品的上传。

1. 商品类目选择

登录"商家后台",进入"商品管理"—"添加新商品",选择添加商品所在分类。确认无误后,单击"商品发布"按钮,进入"商品发布"页面。浏览器一般会保存我们常用的类目,只需要在下拉框中选择,还可以从"选择您经常使用的类目"中快捷选择类目信息。商品一旦生成,类目信息不可更改,所以请谨慎选择类目信息。

2. 添加商品名称和商品标语

商品名称添加规范:品牌名(中文|英文)、产品名称(款式|系列)、附加产品特点货号,最多输入45字。

商品标语最多输入45字。当商品参加促销时,促销级别的宣传语,优先级要高于此商品级别的商品标语。

3. 添加商品属性

不同类目拥有不同的商品属性,带红色星号的信息为必填项。

4. 添加商品信息

带红色星号的信息为必填项。

5. 添加SKU信息(销售属性)

直接勾选颜色、尺码等属性值信息,即可批量生成SKU信息。

6. 图片管理

单击"图片上传"展开"图片上传"区域。目前提供"本地上传"和"从图片空间选择"两种方式。

7. 商品描述

商品描述中支持常见的图片格式,比如JPG、JPEG、GIF、PNG、BMP等,单张容量最大512 KB,宽度为750像素以内。

8. 物流等相关信息填写

在针对商品设置发票限制,以及下单是否输入验证码等进行特殊配置,在商品级别设置运费信息。

9. 完成

(1)保存且下架。商品编辑成功,但是不会上架销售,可在"待售商品列表"进行查看。

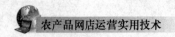

(2) 开始销售。商品编辑成功,且上架销售,用户可购买,可在"在售商品列表"进行查看。

3.1.2 平台规则

1. 虚假交易

虚假交易是指商家通过不正当方式提高在京东开放平台商品的销量或提高店铺评分("炒作"行为),妨害消费者购物权益的行为。

系统识别后对涉嫌虚假交易的订单不计入搜索排序,涉嫌虚假交易的商品会被系统进行降权或屏蔽处理。虚假交易中通过不正当方式提高商品销量或提高店铺评分的,京东有权删除该商品或删除相关的店铺评分。

2. 错放类目和属性

属性错放是指发布商品时填写的品牌、材质、规格等商品属性与商品标题或商品描述不符;类目错放是指商品放置的类目与京东要求放置的类目不一致。

系统识别商品错放类目和属性后,会自动降低商品人气分从而商品会被降权或屏蔽。待商家将商品的类目或属性调整正确后,恢复排序。

3. 更换商品

更换商品是指修改原有的商品的标题、价格、图片、详情、材质等信息变成另外一种商品继续出售。

系统识别商品更换行为后,会自动降低商品质量得分,从而商品会被系统进行降权或屏蔽处理。

4. 标题乱填关键字

商家为使发布的商品引人注目,或使消费者能更多地搜索到所发布的商品,而在商品名称中滥用品牌名称或和本商品无关的字眼,扰乱京东网站正常运营秩序的行为,京东判定其相关商品为乱用关键词商品。

系统识别商品有标题乱填关键字的现象后,会自动降低商品质量得分,从而商品会被系统进行降权或屏蔽处理。待商家将标题调整正确后,恢复排序。

5. 重复铺货

重复铺货是指店铺里完全相同及商品的重要属性完全相同的商品,只允许发布一次,违反以上规则,即判定为重复铺货。

系统识别商品重复铺货后,会选取销量最好的商品正常排序,其他商品进行下架或屏蔽。

影响店铺服务评分的具体因素如表3.2所示。

表3.2 影响店铺服务评分的具体因素

影响因素	描述	解释分析
店铺内商品质量相关	退货情况	由于多方面(消费者、商家等)原因导致的该店铺下商品退货率
	换货情况	由于多方面(消费者、商家等)原因导致的该店铺下商品换货率
	返修情况	由于多方面(消费者、商家等)原因导致的该店铺下商品返修率
店铺纠纷情况	交易纠纷	店铺的交易纠纷率将会对商品排序造成一定影响,该信息这一部分可反映出商家在与消费者的交易纠纷中所承担责任的比重及商家经营的合法合规性
店铺服务情况	售后审核及处理时长	消费者对商家的售后处理情况较关注,商家处理时效会直接影响消费者体验
	客服服务相关	服务态度、用语是否礼貌或生硬,是否尊重顾客,是否重视顾客
	物流、揽件时效	鉴于大部分商家使用的是第三方物流配送,商家通知第三方物流的揽件时间和物流速度会对消费者体验造成直接影响
消费者满意度相关	商品描述满意度	消费者完成订单或退换货处理后对商家服务的各项满意度会影响店铺服务评分,该信息也体现了消费者对整个购物过程的主观感受

6. 京东开放平台商家奖励规则

为了平衡奖惩生态,激励商家提升运营水平,商家可通过达成相关指标获取奖励,平台发放的奖励以"奖励贝"进行体现,各考核标准及获取量详情如表 3.3 所示。

表 3.3　商家考核标准

考核指标项	获取积分具体规则	奖励贝数量
商品质量风险等级	商品质量风险等级 1 级,订单量≥500 单/月	10 个/月
48 小时揽件及时率	订单 48 小时揽件及时率≥97%,订单量≥500 单/月	10 个/月
咚咚满意度	咚咚接待量≥300/月,咚咚满意度≥90%,首次响应时间≤30 s	10 个/月
售后满意度	售后满意度月评价量≥5,售后满意度≥87%	10 个/月
经营时长	商家入驻满 1 年(自然年),且完成次年续签操作	20 个/年
完成开店任务	新店铺完成开店任务,且在 3 个月内销售额≥1 000 元	20 个/次
老商家推荐新商家入驻	老商家介绍新商家入驻,且新店铺完成开店任务后店铺启用,给予该老商家奖励	150 个/次

3.1.3　京麦工作台

京麦工作台是京东商家使用的店铺运营管理平台。

1. 京麦 PC 客户端

京麦 PC 客户端是针对京东商家使用的店铺运营管理平台,主要操作京东及第三方软件服务商(ISV)资源和服务,还有店铺运营工具。同时整合了经营咨询信息和店铺运营数据等功能,使得商家管理店铺更加高效。京东工作台下载页面如图 3.2 所示。

2. 京麦移动客户端

京麦工作台的移动版,主要给商家提供店铺的管理工具,提供店铺关键信息提醒,以及商品、交易、数据、论坛等常用操作的快捷入口,方便商家管理店铺。

图 3.2 京麦工作台下载页面

3.2 文案策划

3.2.1 京东文案标题的优化

一个好的标题可以使产品更容易吸引目标客户，增加产品销量，下面我们就分析一下如何做好京东商家店铺的标题优化，以此促进产品销售。

1. 堆砌关键词

堆砌关键词会分掉商品权重，一般关键词以两三个字为宜。

2. 重要关键词

重要关键词要尽量放到前面，这样搜索相关度分数会比后面的高。比如在京东搜索书架排名前三位的都是品牌词后紧跟关键词"书架"（图3.3）。

3. 短标题权重大

标题越短且关键词越准确权重越大，去掉啰唆的关键词，在适应买家搜索习惯及商品特点描述的情况下进行删减，标题简短也会将搜索关键词展示出来。

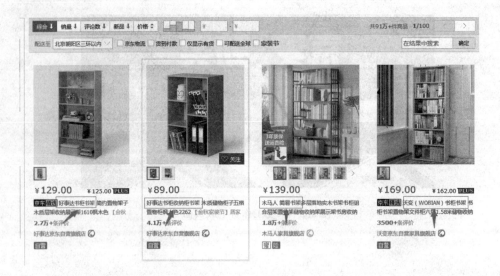

图 3.3 搜索关键词

4. 标题中不得含有符号

符号会占用文字字符,在京东及淘宝偶尔会有一些空格存在,但尽量不要用,这样会造成分词匹配减少,减少搜索量。

5. 标题的选词

关键词分类目搜索热词、商品展现词、商品单击词、商品成交词、长尾词、热点词/事件词、营销关键词,这些都需要根据实际情况来做出选择。建议深挖商品单击词和商品成交词,这些词搜索量比较固定,也是具有价值的词汇。

3.2.2 京东内页详情文案撰写技巧

内页详情在产品的吸引购买中起着不可或缺的作用。客户搜索到产品后,要对产品的形态、细节、品牌等进行了解,一个好的内页详情会帮助店铺销售更多的产品。下面分析一下如何做好京东商家店铺的内页详情,以此建立与消费者的信任感并促进购买。

3.2.2.1 发掘产品卖点

1. 普遍化

众所周知,现如今很多同款产品同质化严重,在发掘产品卖点时,找到产品的普遍化,也就是大众的基础需求。比如我们卖矿泉水,就是解决人口渴的基本需求,我们卖酒就是解决人的基础娱乐与放松。在制作详情页时,普遍化是基本需求。

2. 差异化

同样的产品如何吸引客户的购买?在这里要阐述产品的差异化,也就是类似于对比,在内页详情中可以将自己的优点发掘并展现出来(注意不可以将不同店铺的产品进行优劣对比),建立差异化。

3. 个性化

建立品牌,深挖产品优势,将产品进行文化创意展示,吸引消费者购买。

3.2.2.2 建立品牌信任度

现如今随着商务活动的开放,产品品牌多样化,如何在众品牌中脱颖而出并建立产品信任,进而促进品牌升级,在文案中也是极为重要的。

1. 身临其境

以矿泉水为例,平价矿泉水的品牌有泉阳泉、农夫山泉、娃哈哈等。我们每次在购买矿泉水的时候都会想到一句"农夫山泉有点甜"广告词,而且近年来随着农夫山泉的品牌升级,我们熟记了"我们不是生产水,我们是大自然的搬运工",看着农夫山泉水源的宣传片,想象着农夫山泉将长白山森林的原始水源发源地的水搬到了城市里,会立马有一种亲近大自然的感觉。以身临其境作为文案的宣传,建立品牌和消费者之间的信任度,进而促进与消费者之间的关系,从而扩大销售。

2. 打造情怀,产生共鸣

我们熟知的江小白文案"愿十年后我们还是老友,愿十年后我们还能聚首""所谓孤独就是,有的人无话可说,有的话无人可说",点亮了无数在外漂泊的人的内心,使人产生共鸣,进而自愿宣传与传播。

建立品牌信任首先需要找准客户群体,对目标客户进行定位,其次是一个长期并且用心的过程。建立品牌信任非常重要,但是也不能急于求成,要踏实走好每一步。

3.2.2.3 促进销售

在详情页的设计中,同样可以以真实销售的数量以及好评作为展示进而促进销售,还可以将店铺的品牌获奖信息、库房信息、物流信息等进行展示,进而使消费者了解品牌的实力,达到促进销售的目的。

3.3 视觉设计

3.3.1 京东视觉设计

3.3.1.1 京东宝贝主图视觉规范

相较于淘宝 C 店店铺而言,京东店铺在入驻时筛选更加严格,京东一直走的是自营与品牌路线,所以在图片制作中对图片质量的要求更加严格。接下来介绍一下京东主图的视觉规范,从而在制作京东宝贝主图时更加得心应手。

1. 图片尺寸规范

(1) 京东宝贝主图的尺寸:800 像素×800 像素。
(2) 图片分辨率:72dpi。
(3) 图片格式:JPEG 格式。
(4) 图片大小:1 024 KB 以内。

2. 展示区域规范

(1) 除家纺、服饰外,宝贝主图背景均为白色。
(2) 产品需要布满画布居中显示,使画面饱满,如图 3.4 所示。

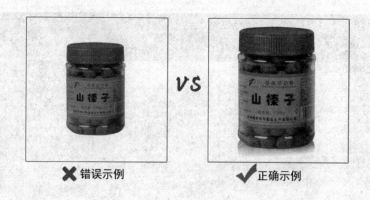

图 3.4　产品主图示例

3. 京东宝贝主图注意事项

（1）京东宝贝主图首图必须为白色背景（家纺、服装除外），第 2 张图片不强制要求图片背景颜色。

（2）图片清晰，没有噪点显示。

（3）颜色贴近真实商品颜色。

（4）图片不得出现水印、促销、描述等字样，不允许对京东主图描边处理。

（5）黑暗投影与图片拉伸均视为不合格图片。

（6）图片中产品的放置个数要与标题描述相一致。

（7）京东宝贝主图的数量至少上传 5 张，赠品可上传 3 张。

3.3.1.2　京东宝贝主图设计制作技巧

打开 Photoshop 软件，单击"文件"→"打开"按钮，将准备好的榛子图片在 Photoshop 中打开（图 3.5）。

在左侧工具栏选择"钢笔"工具，选择后发现鼠标变成了一个钢笔的形状，在图片中找到任意一个夹角点的位置单击鼠标左键进行顶点的选择，进行抠图。

观察图片接下来有一个弧形（在刚开始使用"钢笔"工具时，有的学生按住鼠标左键一个点一个点的对所抠图的对象进行圈选，这样抠出来的图片会像被刀切了一样的效果，所以我们借助"钢笔"工具的杠杆进行调节，这样抠出来的图片更加自然，效果更好），在弧形的中间部分单击鼠标左键不放手进行拖曳便会看见一个杠杆（杠杆是虚拟不存在的，只是为了对点进行调节），调至弧线与边缘完全吻合即可（图 3.6）。

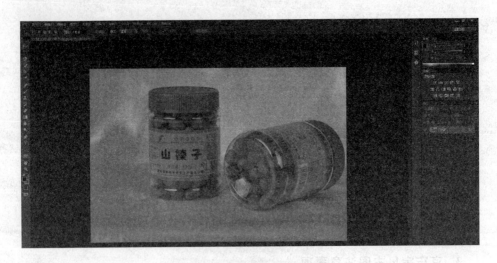

图 3.5　打开文件

图 3.6　使用钢笔工具调节弧形

将整个榛子图片用"钢笔"工具选中,将实线变成闭合状态(图 3.7)。

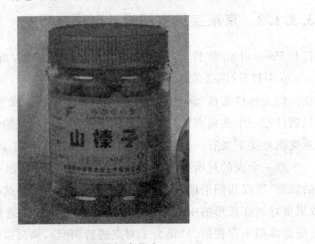

图 3.7　实线闭合状态

在实线闭合区域内单击鼠标右键→"建立选区",会出现一圈闪动的虚线,接下来按住键盘上 Ctrl+J 键对虚线内的内容进行复制,保持此文件处于打开状态;执行"新建"→"文件"命令,新建一个 800 像素×800 像素的画布,然后回到榛子的文件,将复制出来的榛子图层拖曳至宝贝主图文件中,按键盘上 Ctrl+T 键调节图片大小,调整后按键盘上 Enter 键取消选择,单击左侧工具栏中"移动"工具对图层进行位置调整(图 3.8)。

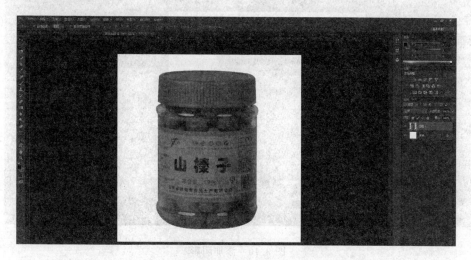

图 3.8　图片的合成

在菜单栏执行"图像"→"调整"→"曲线"(曲线的使用:鼠标单击中间的对角线进行拖曳,向上是调亮图片,向下是将图片变暗)命令,对图像进行颜色调整(图 3.9)。

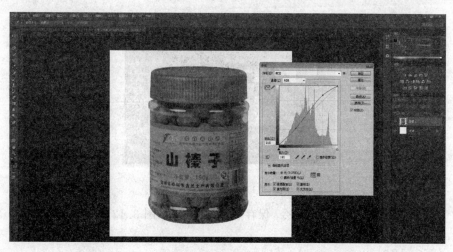

图 3.9　调整图片颜色

观察图片发现整个瓶子没有阴影，处于悬浮状态，接下来给瓶子绘制一个阴影。按 Ctrl＋J 键对瓶子图层进行复制，按 Ctrl＋T 键调整图片大小，单击鼠标右键，执行"垂直翻转"命令，选择"移动"工具将其移动至瓶底对瓶底的位置，按 Enter 键取消外边框（图 3.10）。

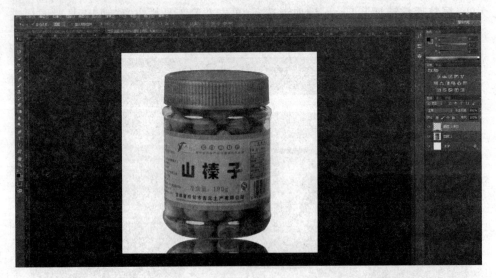

图 3.10　添加阴影

按住键盘上 Ctrl 键点选复制出来的瓶子图层的缩略图，出现闪动的虚线，找到左侧工具栏中"渐变"工具，将前景色调整成白色，在工具属性栏中选择从白色到透明色渐变（图 3.11），从下往上拖曳鼠标即可。

图 3.11　选择渐变色

执行"文件"→"另存为"命令，保存成 JPEG 格式（图 3.12）。

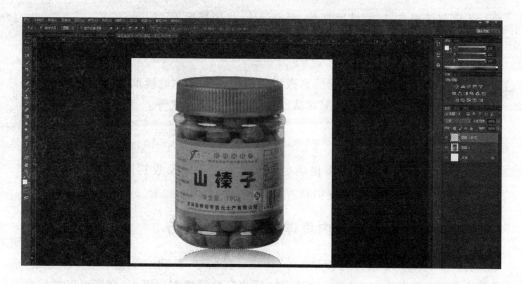

图 3.12　制作完成的宝贝主图

3.3.2　京东宝贝内页详情设计

3.3.2.1　京东宝贝内页详情模块

在制作宝贝详情页之前,首先要考虑详情页的组成部分,通过对消费者的调查分析可以按以下五类进行规划。

1. 商品展示类

商品展示类主要用于对产品进行展示,从而让消费者更加了解产品的信息,主要包含产品的细节、卖点、包装、规格、搭配、效果等。

2. 实力展示类

实力展示类主要让消费者对品牌信息进行了解,进而提高消费者信任度。主要包括品牌、荣誉、资质、销量(必须是真实销量,可以在京东中提供证明材料)、生产基地、仓储等。

3. 吸引购买类

吸引购买类主要与消费者通过打造情感互动,继而引起情感共鸣,从而促进消费。主要包括卖点打动、情感打动、卖家评价、热销盛况等。

4. 促销说明类

促销说明类主要通过促销信息吸引消费者在店铺中继续购买,促进店铺消费额度。主要包括热销商品、搭配商品、促销活动、优惠方式等。

5. 交易说明类

交易说明类主要为消费者提供更加详尽的付款以及收货流程。主要包括购买、付款、收货、退换货、保修等信息。

3.3.2.2 京东宝贝内页详情设计制作技巧

打开 Photoshop 软件,执行"文件"→"新建"命令,新建一个宽度为 750 像素,高度为 1 000 像素的文件(实际内页详情尺寸只要设置宽度即可,高度可以根据自己需要自定义,为了方便作图,新建时采用此尺寸,高度通过后续调整画布大小来进行改变),单击工具栏左侧"前景色"按钮,将颜色调整为绿色,按住键盘上 Alt+Delete 键对画布进行前景色填充(图 3.13)。

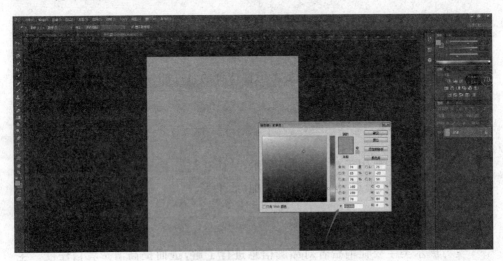

图 3.13 选择颜色

将准备好的松塔素材拖曳至文件中,调整大小;选择左侧工具栏中"横排文字"工具,进行文字输入并调整大小;按住键盘上 Shift 键选择所有图层,执行"水平居中"命令(图 3.14)。

将前景色调整为任意灰色,在工具栏中选择"椭圆"工具,绘制椭圆并调整大小

第3章 京东运营

图 3.14 输入文字并对齐

后与背景进行居中,将"椭圆"工具属性栏中描边调整为纯白色,描边宽度设置为 2 点,将描边样式修改为虚线(图 3.15)。

图 3.15 绘制椭圆

使用"钢笔"工具绘制形状,使两个形状叠加在一起(图 3.16)。

将准备好的松子图片拖曳至文件中,将灰色图形完全覆盖,在图层中单击鼠标右键,执行"创建剪贴蒙版"命令,把事先准备的小飞机素材拖曳至文件中,放置到合适的位置(图 3.17)。

81

图 3.16　绘制形状

图 3.17　创建剪贴蒙版

选择"横排文字"工具输入文字,将文字颜色调整为微黄色;观察画布,已经到底了,无法再插入产品图片了。接下来调整画布大小,执行菜单栏"图像"→"画布大小"命令,调出"画布大小"面板,将高度设置为 1 000 像素,将定位改为向下延长,单击"确定"即可改变画布大小(图 3.18)。

选择背景图层,设置前景色颜色为绿色,按住键盘上 Alt+Delete 键进行填充,而后将准备好的松塔素材拖曳至文件中,调整大小;选择左侧工具栏中"横排文字"

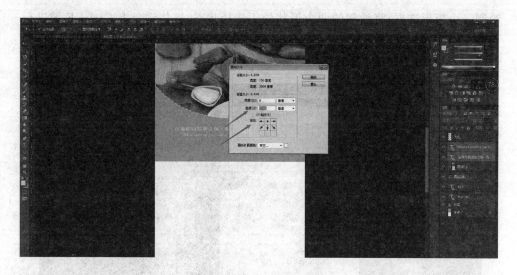

图 3.18 调整画布大小

工具，进行文字输入并调整大小，而后按住键盘上 Shift 键选择松塔、文字图层与背景图层，执行"水平居中"命令；将图片包装抠好的图片拖曳至文件中，对大小以及位置进行调节，在图层单击鼠标右键为其添加阴影；把小飞机素材拖曳进来进行位置调节；输入文字，将所有文字选中，执行"左对齐"与"垂直居中分布"（图 3.19）。

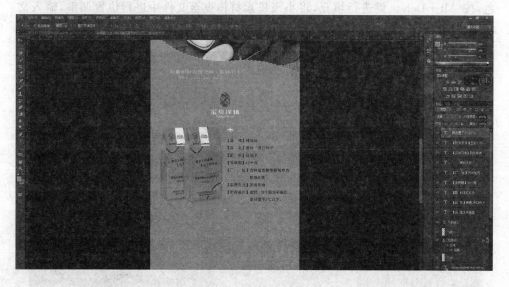

图 3.19 调整图片 1

继续将画布进行延长，填充背景为绿色；选择"横排文字"工具输入文字。接下来新建图层，选择"钢笔"工具绘制图形；绘制完毕后在工具栏选择"矩形选框"工具绘制一个矩形选框;将绘制的两个形状处于选择状态,按住键盘上 Ctrl+E 键进行合并,将松子细节图拖曳至文件中,在图层上执行右键"创建剪贴蒙版"命令,将图片进行调整(图 3.20)。

图 3.20 调整图片 2

继续新建图层,在画布上绘制矩形选框将下方虚线覆盖上,将前景色调整为绿色,按 Alt+Delete 键进行填充,将小飞机素材拖曳至文件中进行位置调整,输入文字进行调整(图 3.21)。

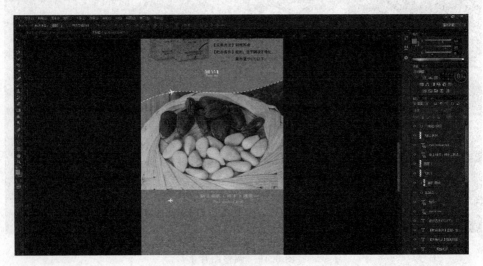

图 3.21 调整素材

细节图 1(图 3.22)、细节图 2(图 3.23)的添加步骤不再赘述,根据前面操作步骤完成细节图 1、细节图 2 的制作。

图 3.22　细节图 1

图 3.23　细节图 2

产品包装图根据所学的知识点可以完成,参见示例图进行制作(图 3.24)。

图 3.24　产品包装示例图

选择理由图根据所学的知识点可以完成,参见示例图进行制作(图3.25)。

图3.25 选择理由示例图

购物须知图根据所学的知识点可以完成,参见示例图进行制作(图3.26)。

图3.26 购物须知示例图

图片完成后单击"图像"→"图像大小"按钮,调出"图像大小"面板,看到图像大小为 11.6 MB,图片高度为 5 412 像素(图 3.27)。

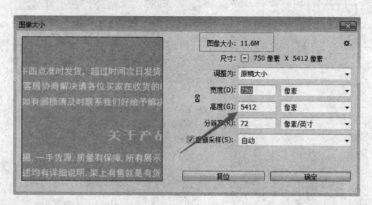

图 3.27 "图像大小"面板

在网页上显示的图片图像越小刷新速度越快,接下来讲解一下切图技巧。

按住键盘上 Ctrl+R 键调出标尺,在最上方标尺位置按住鼠标左键进行拖曳,拖曳出参考线,放置第一幅图结束的空白位置(图 3.28)。

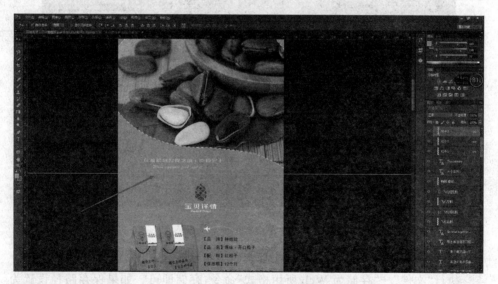

图 3.28 拖曳参考线

为每幅图片完结的空白位置均放置一个参考线(图 3.29)。

在左侧工具栏中选择"切片"工具,单击工具属性栏中"基于参考线的切片"(图 3.30)。

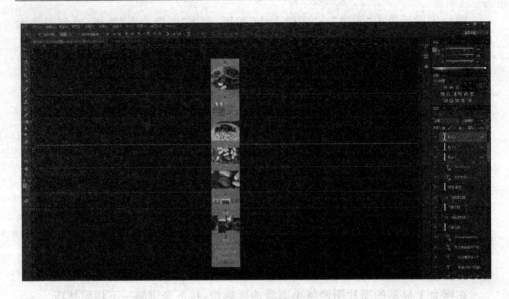

图 3.29 放置参考线

图 3.30 "切片"工具

每张被切分的图片左上角都会出现蓝色小角标(图 3.31)。

执行"文件"→"存储为 Web 所用格式"命令,存储即可。如果保存路径设置为桌面,会在桌面出现一个名为"images"的文件夹,打开后会发现按照顺序排好的图片,这组图片即可上传(图 3.32)。

至此京东内页详情图片的设计制作就完成了。

第 3 章 京东运营

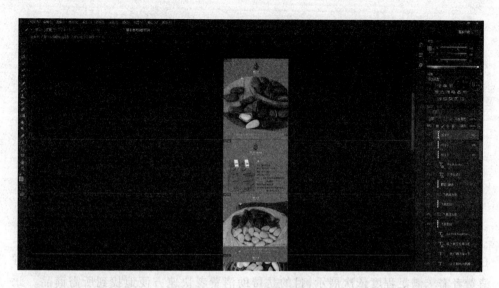

图 3.31 切分的图片

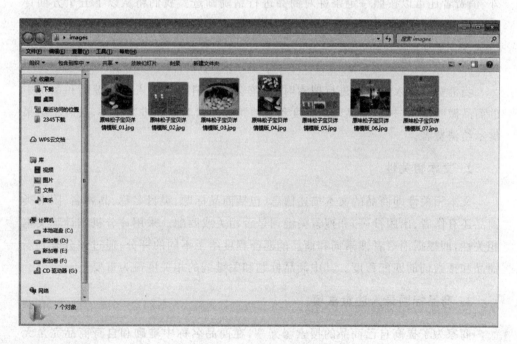

图 3.32 images 文件夹

3.4 京东运营

3.4.1 搜索优化

随着京东商品数量的增长,如何让商品得到更多展示机会是各个商家特别关心的事情。与其他电商搜索类似,京东搜索排序就是将匹配关键词的商品按照对消费者需求满足程度依次展示,目的是帮助消费者快速方便地找到所需商品。此外,消费者还可以按照一定条件对商品进行精确筛选。我们将从以下五个方面详细介绍京东搜索排序。

1. 排序算法

当消费者输入关键词进行搜索时,系统会根据消费者输入的关键词和系统中的商品做匹配,并根据商品匹配程度和其他相关因素对商品进行排序,最后将结果展示给消费者。

2. 文本相关性

文本相关性即商品的文本描述信息(包括商品标题、类目名称、品牌名,图书类商品还有作者、出版社等)和搜索关键词是否相关或匹配。采用评分机制计算文本相关性,即根据消费者搜索词和商品的匹配程度给予不同的评分,通过评分来判断商品和搜索词的匹配程度。其中商品标题和关键词的相关度最为重要。

3. 商品标题录入注意事项

商家为了提高自己商品的搜索曝光率,在商品名称中堆砌和自身商品完全无关的关键词,致使商品标题不规范。这样不仅会影响该商品的文本相关性得分,还会降低消费者体验。录入标题需要考虑以下原则:一是消费者搜索商品时常用搜索词;二是尽量简洁明了;三是名称中不得有错别字。如果被发现存在文本作弊的商品在搜索系统中则将被屏蔽或做降权处理。

4. 类目

京东搜索因子中,商品的所在类目(商品的分类)是否合理将影响到商品的排序结果。在京东,所有商品须放置在具体的分类下,例如 iPhone 手机放在"手机"分类下,而 iPhone 充电器则放在"苹果配件"分类下。在放置商品类目的时候,一定要注意,以防放置在不恰当的类目中,对商品排序造成负面影响,如图 3.33 所示。

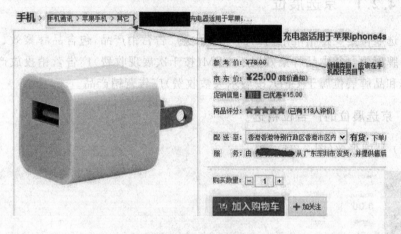

图 3.33 放错类目

关键词与类目也存在相关性,关键词与不同类目的相关性不同,通过搜索系统综合计算所得。关键词搜索排序规则是多个因素综合影响的结果,所以在其他排名因素相同的情况下,类目影响排序的综合得分。

5. 用户搜索反馈

消费者搜索查询词后单击或购买商品的行为在消费者搜索反馈系统中计为该查询词与该商品的一次单击或购买数据。消费者搜索反馈数据反映了消费者对搜索结果的满意度,同时反映了对商品的满意度。

反馈数据包括某查询词结果中商品的单击量和下单量,消费者通过搜索进入商品单品页的平均时间,商品的搜索单击转化率。对于部分商家恶意刷搜索单击和下单的商品,系统将其视为作弊商品,在排序中进行降权处罚。同时反馈数据也会剔除这些作弊数据。

3.4.2 付费流量

京东付费流量就是访客通过商家在京准通平台上设置的付费推广链接进入店铺的流量。京准通平台目前细分为京选展位、京东快车、京东直投和京挑客四种类型的营销推广方式。

3.4.2.1 京选展位

京选展位是支持精准定向的图片展示类广告营销产品,包含品牌聚效、京选品牌和品牌展位。其中品牌聚效属于CPM(按千次展现收费)广告营销投放产品,京选品牌和品牌展位属于CPD(按展示天数收费)广告营销产品。

1. 京选展位的广告位精选

(1) 品牌聚效(图3.34)。

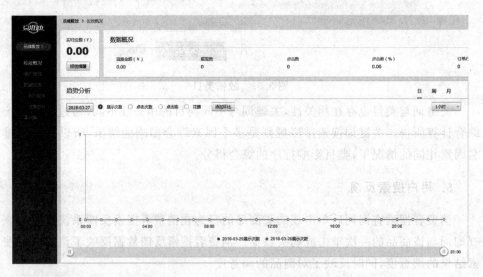

图 3.34 品牌聚效

站内:PC端"搜索结果页"底部通栏,PC端"我的订单"底部通栏,无线端分类Banner等。

站外:腾讯、新浪、网易、搜狐等门户类网站及各类垂直媒体类的PC端与无线端广告位。

第三方联盟:百度、360聚效等广告交易平台。

(2) 京选品牌。京东商城 PC 端"搜索结果页"首屏焦点。

(3) 品牌展位。首页及一、二级页面上的固定图片及文字链广告。

(4) 定价 CPM。京东 App 首焦第五帧广告位，M 端首焦第五帧广告位，微信及手机 QQ 端第二帧广告位。

2. 京选展位投放方式

CPD 广告联系京东广告部北京运营部相关人员，进行线下投放；CPM 广告直接在京准通后台进行线上投放，实时竞价。

3.4.2.2 京东快车

如图 3.35 所示，京东快车是基于京东站内推广，按单击付费（CPC）的实时竞价类广告营销产品。通过对搜索关键词或推荐广告位出价，将所需推广商品、活动或店铺展示在京东站内丰富的广告位上。精准的定向工具更能打造个性化的营销方案，将目标人群和潜在用户一网打尽。

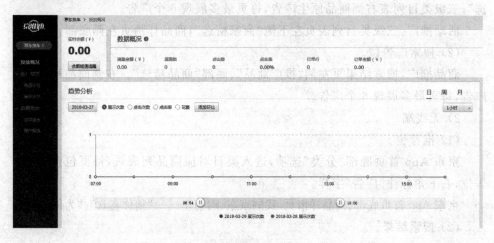

图 3.35 京东快车

1. 京东快车的优势

精准投放：根据用户购物行为、区域信息、类目属性、用户具象行为等维度进行精准定向，快速触达目标用户，有效提高转化率。

多维数据：准确预估类目及关键词出价，并支持多维度查看展现与单击等指标的实时数据以及丰富的效果分析数据。

智能推荐：根据卖家的关键词需求，智能推荐行业热词及相似商品关键词，并提供否定词管理功能,便于卖家多维度选择关键词。同时,系统会根据卖家未购买的用户搜索词进行智能匹配,保证广告展现。

2. 京东快车的竞价逻辑

决定竞价排名的主要因素包括(但不限于)出价、单击率(影响单击率的主要因素是定向设置和素材制作质量)、转化率(影响转化率的主要因素是商品详情页、活动等)。根据推广出价和质量分实时竞价、免费曝光,单击价格是由竞价者和竞价排序在其下一位的客户推广结果的价格和质量度共同决定(广义第二价格拍卖),在触达目标用户的基础上,更节省成本。

3. 京东快车广告位精选

1) PC端

(1) 推荐广告位。

商品推广:三级类目列表页顶部"热卖推荐"、左侧"推广商品"、底部"商品精选";三级类目列表右侧商品原生广告,每页最多展现6个广告。

活动推广:三级类目列表页左下侧"商家精选";商品详情页左侧底部。

(2) 搜索广告位。

商品推广:搜索结果页左侧"推广商品"、底部"商品精选"。右侧商品列表原生广告,每页最多展现6个广告。

2) 无线端

(1) 推荐位。

京东App首页底部"分类"选项,进入类目对应商品列表页,每页包含2个广告位,右下角标注"广告"字样。

京东App首页底部、商品详情页、我的京东、购物车——"猜你喜欢"/"为你推荐"。

(2) 搜索结果。

京东App搜索结果、微信及手机QQ购物、M搜索结果页都包含信息流广告,搜索结果每页默认为11个SKU,其中包含1个广告位,右下角标注"广告"字样。

3.4.2.3 京东直投

如图3.36所示,京东直投是京准通平台与腾讯"广点通"平台合作,依托腾讯海量流量和提供实时竞价类广告服务的营销产品。京东直投在广告实时竞价的基础上进行展示曝光,按单击收费(CPC)。拥有领先的消费人群行为分析技术,帮助卖家对购物人群进行精准细致定向,广告信息直达目标用户群。

图 3.36 京东直投

1. 京东直投的优势

(1) 拥有腾讯海量优质资源,百亿级强曝光,为商户提供多方位广告展位。

(2) 精准营销。领先的用户消费行为分析技术,基于腾讯和京东的大数据平台,广告信息直达目标用户群,实现高效营销推广。

(3) 节约成本。京东直投广告属于 RTB 效果广告。广告展示免费,按单击进行扣费,投入产出比高。京东直投产品有国内领先的防恶意单击技术,有着多达几十个维度的无效单击辨别方法,凡是被认定为无效单击的单击均不会产生扣费。

2. 京东直投的竞价逻辑

(1) 广告展示免费,发生单击才扣费,每次单击产生的实际扣费小于或等于商家的出价。PPC(单次单击扣费金额)=下一名出价×(下一名质量得分/自己质量得分)+0.01 元。

(2) 决定曝光的主要因素为单击率(影响单击率的主要因素是定向和素材制作质量等)和出价。

3.4.2.4 京挑客

如图 3.37 所示,京挑客是为京东的自营商品及第三方商家(POP)提供的按照实际成交订单给推广者支付服务费(CPS销售分成)的广告投放产品。

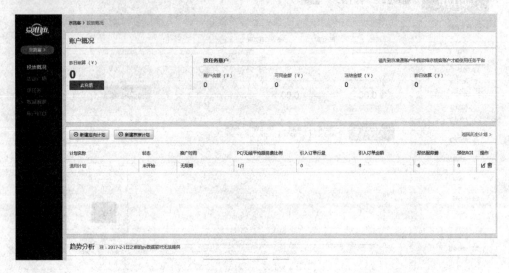

图 3.37 京挑客

1. 京挑客的优势

(1) 按效果付费。订单最终成交才需要支付相应的服务费。

(2) 广告风险低。京挑客采用后付费广告模式,相对其他广告形式,商家的广告费用风险更低。

(3) 免费曝光单击。商家只要对最终成交商品支付相应的广告费用,广告的展示及单击都不会收费。

2. 京挑客的广告位置

京挑客的广告位于京东合作的第三方联盟,如什么值得买、360购物、豆瓣等近万家媒体。

3.4.3 数据分析

随着"京东数据罗盘"退出历史舞台,改而换之的"京东商智"成为京东旗下的数据产品,为京东商家提供数据服务,主要提供店铺与全行业的历史与实时的客户、流量、商品、交易、售后、供应链、搜索等数据,同时也提供购物车营销、客户营销工具等。京东商智的功能简要概括为基础运营、决策建议、精准营销几个部分。

京东商智首页按模块分为以下几部分内容。

1. 实时指标

实时指标包括店铺下单金额、访客数、转化率这三项运营核心指标的实时数据,以及它们的无线占比和昨日数据。如果想了解更多内容,可单击该模块的"实时洞察"到实时数据模块查看详情。

2. 实时销售额进度

通过"设置目标"来先设置好每月销售额,只要完整填写一年12个月的目标,年度目标也就自动计算。设置好目标后,每天系统就会帮商家计算目标完成情况。

3. 核心指标

目前为商家展示了访客数、浏览量、下单金额、转化率、客单价、店铺关注人数这6项核心指标及其前一日对比、无线占比数据。同时在趋势图上商家可以看到每个指标近30天的走势。按照店铺分级的结果,商家还可以看到同行同级均值、同行上级均值的趋势情况,以便对比自己店铺与行业均值的数据。

4. 店铺排名

"店铺排名"模块主要是主营行业、所属级别和级别排名。

所属行业:根据店铺二级类目的在售 SPU 数量和近 30 天销售额综合判断,综合得分最高者为店铺主营类目(每个店铺只有一个主营类目)。

行业级别:店铺整体下单金额的行业级别。将店铺按照下单金额由高到低排序后,共分为 5 级:A+级、A级、B+级、B级、C级。A+级至C级的店铺数量分别占行业店铺总数的 50%、30%、15%、4%和1%,A+级别最高(级别越高,代表店铺在这个行业的销售额排名越靠前)。

级别排名:店铺整体下单金额的级别排名(注意是级别排名,不是行业排名,即上面算出来商家的级别内的排名)。

5. 异常指标

选取店铺异常指标天数最高的三个指标展示在这里。如果店铺指标的当期表现不如前一期,同时也不如当期同行同级均值,则被视为异常指标。单击"查看详情"可到"店铺诊断"页面看到更多异常指标和相关分析。

6. 流量分析

流量分析模块包括店铺流量相关核心指标、店铺流量来源 TOP5、入店关键词

TOP10，通过该模块商家可快速了解店铺流量概况。单击"流量分析"可到达流量分析模块，看到更多关于流量的数据和分析。流量核心指标包括访客数、浏览量、跳失率、人均浏览量及近 7 天的趋势图。店铺流量来源 TOP5 是每个渠道（PC、App、微信、手 Q、M 端）引流最高的 5 个二级流量来源及其带来的访客数和下单转化率，并加上同行同级的对比来了解自己店铺和行业的对比情况。入店关键词 TOP10 是每个渠道（PC、App、微信、手 Q、M 端）引流最高的 10 个关键词带来的访客数和下单转化率。

7. 商品分析

商品分析模块包括店铺商品相关核心指标、店铺销售 TOP5、商品访问 TOP5，通过该模块商家可快速了解店铺商品概况。单击"商品分析"可到达商品分析模块，看到更多关于商品的数据和分析。

8. 交易分析

交易分析模块包括店铺交易相关核心指标、类目交易贡献 TOP3 及销量构成。通过该模块商家可快速了解店铺交易概况。单击"交易分析"可到达交易分析模块，看到更多关于交易的数据和分析。类目交易贡献 TOP3 是指店铺所有商品按三级类目汇总，取下单金额最高的 3 个三级类目，这是店铺的核心销售类目。

9. 行业分析

行业分析包括主营行业热销店铺 TOP5、热销商品 TOP5、搜索关键词 TOP10，通过该模块商家可快速了解行业整体情况。单击"行业分析"可到达行业分析模块，看到更多关于行业的数据和分析。

第 4 章 微店开店

4.1 店铺设置及平台规则

4.1.1 认识微店

4.1.1.1 什么是微店

中国互联网络信息中心(CNNIC)发布的第 39 次《中国互联网网络发展状况统计报告》显示,截至 2016 年 12 月,我国网民规模达到 7.31 亿人,其中手机网民占比 95.1%,增长率连续 3 年超过 10%,达到 6.95 亿人。移动互联网与线下经济联系越来越密切,特别是手机网上支付用户更是达到了 4.69 亿,年增长率为 31.2%。

微店是在移动互联网大潮下,中国第一个实现所有网民"手机开店"的零成本创业项目。微店作为移动端的新型产物,任何人通过手机号码即可开通自己的店铺,并可通过一键分享到 SNS 平台来宣传自己的店铺,最终促成交易。

(1) 微店开店不收取任何费用,无须押金,更没有加盟费。微店卖家无须找货源,无须进货,厂家直接给消费者发货,售后也由厂家直接服务,对微店卖家来说既省时又省力。

（2）微店的傻瓜式操作非常简单，还可将淘宝店里的商品和信息一键同步到微店，在微店中进行管理。客户可在微信里搜索所有的商品并下单购买，还可通过微信查询物流信息。

（3）通过微信群功能可以将店铺的上架新品、折扣信息、热门推荐等精确地发送到好友群，直达对方的手机界面，让客户及时了解你的店铺新动向，为你带来丰厚的销售利润。同时好友还可以将获得的信息向其他好友转发，快速扩散，带来新的客户，相当于增加了一个非常精确、及时、有效的宣传渠道和发展新客户的途径。

（4）通过微信回复功能和自动回复功能，微店可以与客户进行点对点的深度沟通，有效地进行老客户的维护。微店的爆发式增长得益于其独特、先进的商业模式。微店的模式之所以受到追捧，是因为它颠覆了传统网商既要找货源又要做推广的高门槛要求，很好地解决了货源与推广的分工问题。

微店的特点就是运营成本低、操作简单、易于创业，因此在 2014 年微店诞生起就吸引了大量的商家。

4.1.1.2 五大微店平台及特点

现如今微店平台五花八门，越来越多的传统电商平台都开展了微店这种经营形式，那么下面就给大家介绍五个具有代表性的微店平台。

1. 口袋购物微店

"微店"这一词几乎已经变成一个行业词汇，而最早使用"微店"的是由北京口袋时尚科技有限公司开发，帮助卖家在手机开店的"口袋购物微店"。上线于 2014 年年初的微店，划时代性地采用了用手机号开网店的模式，将电商的准入门槛拉到历史最低，商品的上架、编辑等功能也非常简单。这个"傻瓜式"开店工具很快引发了一股个人开店的潮流。上线早、门槛低、运营简单，使口袋购物的这款微店迅速累积用户，抢占市场，目前依然是店铺数量最多的微店平台。本书也将重点介绍微店的使用方法。

适用商家：有货源的个人（比如代购）。

2. 有赞

有赞原名口袋通，于 2014 年年末上线，是帮助商家在微信上搭建微信商城的平台，提供店铺、商品、订单、物流、消息和客户的管理模块，同时还提供丰富的营销应用和活动插件。有赞是独立的店铺系统，它和微信并没有直接的联系。但是商城和微信绑定之后，微信成为店铺面向粉丝的重要推广渠道。如果有微信公众号，就可以向粉丝推送图文消息,通过链接打开有赞商城,如果公众号具备自定义菜单权限,就可以直接单击商铺连接到有赞。如果没有微信公众号,则可以把搭建好的商城链接发送到朋友圈,粉丝单击链接就可以实现在店铺购买商品。

适用商家:有货源的个人店铺。

3. 京东微店

京东微店与腾讯合作在微信开通购买入口,具有其他微店平台不能相比的优势。模式上,京东微店偏 B2C,主要还是为京东开放平台商家打造,许多京东商家还是会第一时间选择在京东微店继续开店。京东微店的优势在于:第一,基于移动端的微店商铺,提供装修店铺、货品上架、卖场生成、订单管理等一站式服务;第二,基于移动端微店商铺,拥有庞大的潜在粉丝群体;第三,接入多种支付方式,可根据用户的需要提供最便捷的支付;第四,借助微信平台,可以跟买家一对一进行沟通,提供即时、方便、快捷的沟通渠道;第五,目前京东微店不支持个人店铺,只支持企业店铺的注册,因此在服务体系上相对来说更加完善。但是,开通京东微店需要交纳 20 000 元店铺保障金,还有后续平台服务费及交易技术费用,因此入驻门槛比较高。

适用商家:企业店铺。

4. 微盟 V 店

微盟在创立初期,只是一个单纯的第三方开发者,帮助企业搭建微信官网,以展示信息为主,并不涉及在线交易。随着微信发展的日渐成熟,微盟正式推出"微盟旺铺",帮助商户实现微信端的店铺装修、商品管理、订单管理、运费模板、营销管理、支付管理等,其移动电商的发展方向更加明显。在这个阶段,我们可以把微盟的角色理解成一个微信端的"商派",帮助企业搭建 B2C 商城。如果说前面微盟都在服务与帮助微信官网搭建 B2C 模式的话,接下来微盟进入了一个质的飞跃,开始朝向 C2C 迈进。此时的微盟才能叫作"微商"。这一阶段微盟正式上线"V 店"(后更名为"萌店"),产品功能上类似口袋购物微店,但不同的是它有一个分销市场,个人店主可以在其分销市场选产品,上架到自己的店铺。这样一来,微盟的业务链条上就有了三个主要环节,最上游是供应商,提供货源;中间是分销商,也就是"微商",他们负责选货、在社交圈中推广、卖货;最下游是消费者。

适用商家:个人店铺(有无货源均可)。

5. 微信小店

2014 年中旬,微信公众平台宣布正式推出"微信小店"。凡是开通了微信支付功能的认证服务号,皆可自助申请"微信小店"功能。通过微信支付转账,实现购买。想开微信小店需要满足以下三个条件:首先必须是公众号里的服务号;其次必须开通微信支付端;最后必须为该支付端缴纳 20 000 元押金。因此微信小店的准入门槛比较高。而支付方式只能用微信支付,同样限制了微信小店的发展。但随着微信的普及,微信小店还是会有无限商机的。

适用商家:企业店铺。

4.1.2 微店店铺设置

每一个微店都有自己的平台,成功注册之后就可以开微店了。本节以微店 App 为例,详细介绍注册、基本功能、设置管理、推广营销及产品选择等方面内容。

4.1.2.1 注册微店

个人先在手机或平板电脑上安装微店应用,在手机上打开已经安装好的"微店"软件,单击"注册"按钮,如图 4.1 所示(也可以选择微信登录,其他操作不变)。然后要填写手机号,手机号填写一个自己常用的号码,如图 4.2 所示。

图 4.1 登录界面

图 4.2 注册界面

填好手机号之后,单击"下一步"按钮。这时手机界面会弹出向注册的手机号发送短信验证信息的请求,直接单击"确定"按钮,如图 4.3 所示。

在接收到验证码之后,把验证码填好。接下来设置密码,密码必须是"6~16位组合密码",如图4.4所示,一定要将密码记好,以免引起不必要的麻烦。单击"注册"按钮之后,就注册成功了。

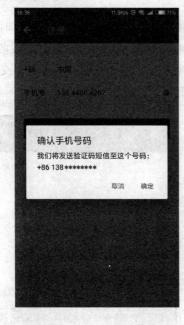

图4.3　发送验证码

图4.4　设置密码

4.1.2.2　店铺名称和图标

注册成功之后,就可以创建店铺,设置店铺名称和图标。

1. 店铺名称

进入"创建店铺"页面,输入店铺名称,长度建议不多于10个字。店铺名称应该简单易记,如果能清晰地表达出商户的产品类型、经营理念更好。

2. 店铺图标

如图4.5所示,单击图中所示的"＋"号可以更换图片,这个图片就是店铺图标,店铺图标就是店铺的头像标签。图标可以通过现场拍照上传,也可以选择手机相册中的照片上传。图标在微店运营过程中非常重要。由于微店属于移动社交类电子商务平台,所以选择一个有创意、识别度较高的图标,有利于朋友和顾客第一时间感知到。商户可以选择店铺的宣传图片作为图标,也可以选择自己的素描照片或头像作为店铺的图标。

3. 担保交易

在微店 V8.5.5 版本中设置店铺名称和图标时,默认开通"担保交易",如图 4.6 所示。担保交易是指微信开发商替买卖双方暂时保管货款,直至买家确认收货的安全交易服务。担保交易有助于吸引陌生买家下单,提高销量。开通担保交易 24 小时之后就可以在手机端通过店铺名称搜索到店铺。

图 4.5 设置店铺图标　　　　　图 4.6 开通担保交易

至此,微店店铺就创建完毕了。

4.1.2.3 设置管理

如图 4.7 所示,在微店欢迎界面可以看到店铺的名称、欢迎新店长的视频、添加商品的图标"+"。在右上角还可以看到一个小图标,单击这个图标就能进入到"设置"界面,如图 4.8 所示。

第4章 微店开店

图 4.7 欢迎界面　　　　图 4.8 设置界面

1. 账号管理(图 4.9)

第一可以填写认证信息,包括卖家的真实姓名、证件类型、证件号码以及产品交易时的银行卡号。

第二可以进行设备管理,可及时发现盗号行为,有利于店铺的安全。

第三可以进行子账号管理,也就是创建管理员,店铺运营时有时不会只有一个管理者,子账号的创建,有利于划分责任,更好地进行店铺的人员管理。

第四可以进行微信号绑定,以及手机号的绑定,有益于卖家方便操作、买家便于支付、方便社交分享、保障账号安全。

第五可以在账号管理里面进行修改密码以及注销账号的操作。

2. 生意档案

这个模块像是一个对店铺进行的自我分析,从售卖产品、产品的自身优势到所服务的目标群体、开店有哪些优势,再到对自我店铺形象该进行怎样的塑造。填写完毕之后会对自己店铺的定位有一个清晰的了解。

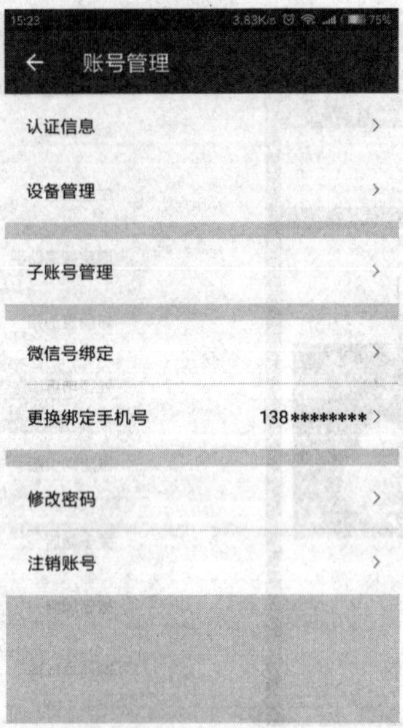

图 4.9 账号管理

3. 淘宝搬家助手

淘宝搬家助手帮助卖家把淘宝店铺的商品一键复制到微店,让你不用进货,就可以开店。微店主要提供两种第三方服务进行搬家:"爱铺货"和"无忧一键复制"。但由于是第三方平台,存在交易风险,而且该功能后续使用是付费的。因此在选择该功能时要谨慎。

4. 微店的规则

微店规则中心从开店认证、发布商品、交易管理、消费者保障四个方面来进行开店规范。后面会在开店认证和发布产品中重点列出相应规则(图 4.8)。

4.1.2.4 微店的营销推广功能

1. 二维码海报

商户操作微店功能可生成店铺专属二维码海报,轻触屏幕识别即可购买。二维码海报可以分享到朋友圈、微信群或者进行跨平台分享,能带来非常好的推广和引流效果(图 4.10)。

第4章 微店开店

图 4.10 二维码海报

2. 推广

商户开通分成推广,并设置有效的佣金比例之后,就可以有更多的推广者帮着推广,使微店中的商品获得更多的订单,推广者包括个人以及口袋购物等合作渠道。交易不成功,无须支付任何费用。佣金设置生效后,推广者成功分享一条链接,将有15天有效期,若无二次修改,则没有15天有效期限制。

3. 分享

商户可以通过复制链接分享到朋友圈、微信好友、QQ好友、QQ空间、新浪微博等平台,让大家帮忙互相转发推荐。操作方便快捷,对象覆盖面广,而且零成本。

4.1.2.5 微店的基本功能

1. 店铺管理

进入店铺首页后,如图4.11所示,单击头像进入店铺管理。在店铺管理里面有店铺的经营分析、店铺橱窗的装饰、店铺装饰、店铺动态、店铺活动、店铺资料等与店铺相关的管理路径,以及店长资料、交易设置、子账号管理和微信收款等,如图4.12所示。使用微信收款时不用事先添加商品,卖家与买家谈好价格后,设置一个金额，会自动生成一个付款链接，把这个链接发送给买家，即可通过链接付款促成交易。但是微店收款的订单，不计入店铺销量（图4.13）。

图4.11　店铺首页　　　　　　　　　图4.12　店铺管理

图4.13　微店收款

2. 客户管理

如图4.14所示,在店铺首页单击"客户"图标,进入"客户管理"界面(图4.15)。客户管理是对客户数据进行分析,从待开发客户、潜在客户、新客户、回头客、流失客户等方向对粉丝群体进行7日或30日对比的全方位分析,还可进行全部客户和会员管理。

图4.14 店铺首页—客户

图4.15 客户管理

3. 商品管理

如图4.16所示,在店铺首页单击"商品",进入"商品管理"界面(图4.17),界面分为"已有货源"和"没有货源"。已有货源就可以自行添加商品及商品描述,像发朋友圈一样。若没有货源商户可进入选货中心,挑选高复购的口碑好货。

4. 订单收入

如图4.18所示,在店铺首页单击"订单收入",进入"订单收入"界面。微店App升级后,"订单管理"和"我的收入"合并在"订单收入"当中。在"订单管理"的功能中,可以查看待发货、待付款、已发货和退款/售后的订单(图4.19)。在"我的收入"功能中,可以查看可提现金额、已提现金额以及收入流水等详细信息,使用该功能还可以绑定收款银行卡,当有交易完成时,货款就会在1~2个工作日划转到所绑定银行卡中(图4.20)。

图4.16　店铺首页—商品

图4.17　商品管理

图4.18　店铺首页—订单收入

图4.19　订单管理

5. 营销推广

如图4.21所示,在店铺首页单击"营销推广",进入"推广"界面(图4.22)。营销推广主要分为六大模块:微积分、获得新客、营销工具、分享互动、推广服务及线下活动。微店升级后,营销手段也得到了极大的优化,可以从各个营销方式入手,迎合消费者心理,提升店铺影响力,最终使自身店铺形象得到提高。

图 4.20 我的收入

图 4.21 店铺首页—营销推广

图 4.22 推广

6. 选货市场

如图4.23所示,在店铺首页单击"选货市场",进入"货源"界面(图4.24)。这个功能适合没有稳定货源的商家。在这里,女装、男装、美食、生鲜、美妆等各个渠道的货源都可以挑选,也可以挑选朋友圈热卖好货,或者网络爆款等。总之,广泛稳定的货源是我们开店的关键。

图4.23 店铺首页—选货市场

图4.24 货源

7. 服务管理

如图4.25所示,在店铺首页单击"服务",进入"服务"界面(图4.26)。服务中多数是第三方开发者,是付费应用。在应用时要认真辨别自己真正需要的功能。

4.1.3 微店平台规则

微店平台规则主要分为四大类:开店认证、发布商品、交易管理以及消费者保障。现就其中开店认证、发布商品做简要介绍。

4.1.3.1 开店认证

开店认证规则为《微店实名认证和证件认证规则》。

图 4.25 店铺首页—服务

图 4.26 服务

1. 实名认证和证件认证的定义

实名认证和证件认证是微店依法对申请进入平台销售商品或提供服务用户的身份信息进行审查和登记。

2. 通过实名认证、证件认证的好处

(1) 通过实名认证、证件认证,可在店铺内进行打标,增加店铺信誉,得到更多买家的信任,从而帮店铺引流。

(2) 另外,只有通过实名认证、证件认证且店铺安全等级符合要求的用户才可以开通直接到账功能。

3. 实名认证、证件认证需要提交的资料

(1) 实名认证提交的资料有:真实姓名、身份证号、开户银行、银行卡号。

(2) 证件认证提交的资料有：身份证正面清晰照片、身份证反面清晰照片、店主真人手持身份证清晰照片。

4. 实名认证、证件认证的申请步骤

(1) 实名认证。打开微店 App，进入"微店管理"→"身份认证"→"实名认证"页面，如图 4.27 所示，按照页面提示输入真实姓名、身份证号、开户银行、银行卡号后，提交认证即可。

(2) 证件认证。打开微店 App，进入"微店管理"→"身份认证"→"证件认证"页面，如图 4.28 所示，按照页面提示提交身份证正面清晰照片、身份证反面清晰照片、店主真人手持身份证清晰照片即可。

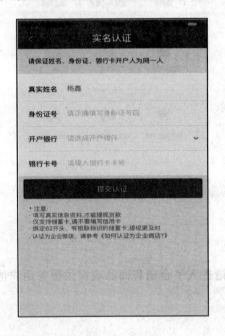

图 4.27 实名认证

图 4.28 证件认证

小资料：《店铺等级分规则》

1. 微店卖家等级是怎么计算的？

微店卖家等级计算：卖家等级是根据等级分的数量多少来决定的。

(1) 直接到账或担保交易订单交易成功后，可获得等级分。如果交易过程中发生了退款，则不会获得等级分。

（2）等级分按照订单中的商品种类来计算，当一笔订单中包含 N 种商品时，交易成功后可获得 N 个等级分。如果一笔订单中，同一种商品购买了多个，则只获得 1 个等级分。

（3）每个自然月中，相同买家和卖家之间的等级分累计不超过 6 分（以订单创建的时间计算），达到 6 分后，后续的交易将不会为卖家增加等级分。

（4）若 14 天内（以订单创建的时间计算），相同买家和商家之间，对同一种商品进行多次购买，则只能在第一次购买时获得 1 个等级分。例如，1 月 1 日购买了商品 A，卖家获得 1 个等级分，那么在 1 月 15 日之前，同一买家即使多次购买商品 A，卖家也无法获得等级分。

（5）参加微店官方组织的市集活动，活动当天产生的当面付订单可计入等级分。一笔订单计 1 分（不统计商品数量），订单金额小于 1 元不积分，活动当天相同买家和卖家之间的等级分累计不超过 6 分，每个卖家活动当天最多获得 10 个等级分，超过部分不积分。

2. 得分与等级对应关系是什么？

店铺等级分为金冠、蓝冠、钻、心四大等级，每一个大等级又分为 5 个小等级，也就是店铺等级总共有 20 个级别。例如：1 颗心、2 颗心、3 颗心、4 颗心、5 颗心；1 颗钻、2 颗钻……以此类推（图 4.29）。

得分	等级
0 分	无等级
1 - 3 分	♥
4 - 10 分	♥♥
11 - 40 分	♥♥♥
41 - 90 分	♥♥♥♥
91 - 150 分	♥♥♥♥♥
151 - 250 分	◆
251 - 500 分	◆◆
501 - 1000 分	◆◆◆
1001 - 2000 分	◆◆◆◆
2001 - 5000 分	◆◆◆◆◆
5001 - 10000 分	♛
10001 - 20000 分	♛♛
20001 - 50000 分	♛♛♛
50001 - 100000 分	♛♛♛♛
100001 - 200000 分	♛♛♛♛♛
200001 - 500000 分	♛
500001 - 1000000 分	♛♛
1000001 - 2000000 分	♛♛♛
2000001 - 5000000 分	♛♛♛♛
5000001 分以上	♛♛♛♛♛

图 4.29 店铺等级

4.1.3.2 发布商品

发布商品应遵守《微店商品信息管理规范》。

1. 规范目的

为提高微店的整体交易环境水平，更好地规范卖家的经营行为，统一商品信息发布规范，维护微店的正常交易秩序，根据相关国家法律法规、《微店平台服务协议》《微店卖家管理规范》《微店店铺装修管理规范》等规则和协议，制订《微店商品信息管理规范》（以下简称“本规范”）。

2. 适用范围

本规范适用范围为微店卖家通过微店平台发布的全部商品/服务信息（包括但不限于微店卖家上传的店铺封面、店招、LOGO、公告、主图、商品标题、商品详情页、店长笔记等）。

3. 商品/信息发布限制

（1）卖家在微店平台发布的商品信息应符合微店平台规则（《微店平台服务协议》《微店卖家管理规范》《微店禁售商品管理规范》等微店已经发布的以及将来可能发布的各类相关协议、规范），不得发布违法、违规商品信息。

（2）卖家不得发布侵犯他人知识产权的商品信息。

（3）卖家不得发布假货信息（包括赠品、打折商品或服务）。

（4）卖家不得发布其他购物网站信息（如链接、账号、微店以外平台标识等）。

（5）卖家不得随意更换商品重要属性使其变成另外一种商品继续出售。

（6）未经微店允许卖家商品信息不得有微店首发或微店独家字样。

（7）卖家不得发布任何广告窗口（如非微店平台的广告、广告浮窗等）。

（8）卖家发布的商品信息中不得使用未获得权利人授权的特殊字库字体（如华康字库、汉仪字库等）。

4. 商品标题和描述

（1）商品标题和描述等信息中不得出现下列内容。

① 反对宪法确定的基本原则的内容。

② 危害国家统一、主权和领土完整的内容。

③ 泄露国家秘密、危害国家安全或者损害国家荣誉和利益的内容。

④ 煽动民族仇恨、民族歧视，破坏民族团结，或者侵害民族风俗、习惯的内容。

⑤ 宣扬邪教、迷信的内容。

⑥ 散布谣言，扰乱社会秩序，破坏社会稳定的内容。

⑦ 宣扬淫秽、赌博、暴力或者教唆犯罪的内容。

⑧ 侮辱或者诽谤他人，侵害他人合法权益的内容。

⑨ 危害社会公德或者民族优秀文化传统的内容。

⑩ 有法律、行政法规和国家规定禁止的其他内容。

（2）商品标题及商品图片与对应类目及卖家经营的品牌应一致，不得出现与商品无关的内容。

(3) 商品命名中不得擅自使用他人注册商标描述产品,如某某品牌"香奈儿"风格珍珠耳环。

(4) 商品标题和描述中不得有不科学的表示功效的断言或者保证;不得有与同类产品功效、性能进行比较的言论或画面、形象;不得使用专家、医生、患者、未成年人或医疗科研、学术机构、医疗单位的名义进行广告宣传;不得运用数字或图表宣传治疗效果;不得宣传不使用卖家的产品可能导致或加重某种疾病的语言、文字、画面;不得出现可能使人得出使用卖家的产品可以使疾病迅速治愈、身体迅速康复的印象或结论的语言、文字、画面、形象;不得含有医疗术语,明示或者暗示医疗作用和效果的用语,虚假、夸大、绝对化的词语,医学名人的姓名等国家相关法规明确规定禁止使用的词。

(5) 商品广告语禁止出现歧义、虚假信息、夸大商品功能或表述不清等情形。

(6) 商品详情页内容应符合《中华人民共和国广告法》相关规定,禁止使用"国家级""最高级""最佳"等绝对化用语。

5. 商品价格

(1) 价格描述必须符合市场合理价格水平,应真实准确描述,不得出现虚构原价、虚假促销、错误标注等情形。

(2) 卖家须严格遵守《中华人民共和国价格法》《禁止价格欺诈行为的规定》等相关法律法规,遵循市场规律,确保可以提供任一价格的合法依据或可供比较的出处。不得出现任何欺骗性价格表示以及涉嫌价格欺诈的行为,包括但不限于以下各项。

① 价格或者服务的项目、收费标准等有关内容与实际不符,并以此为手段诱骗用户购买的行为。

② 使用欺骗性或者误导性标价,诱导他人与其交易的行为。

③ 虚构原价,虚构降价原因,虚假优惠折价,谎称降价或者将要提价,诱骗他人购买的行为。

④ 销售商品和提供服务前有价格承诺,不履行或者不完全履行的行为。

⑤ 采取掺杂、掺假,以假充真,以次充好,短缺数量等手段,使数量或者质量与价格不符的行为。

⑥ 对实行市场调节价的商品和服务价格,谎称为政府定价或者政府指导价的行为。

⑦ 在商品上架之后,对价格恶意修改成与市场实际价格不符行为。

⑧ 发布实物商品时商品的邮费价格远远超过其商品价格,并且不符合邮费行

业标准;或虚拟物品有邮费的行为。

⑨ 其他价格欺诈行为。

(3) 不得以排挤竞争对手为目的,以低于成本的价格销售商品,下列情形除外。

① 销售鲜活商品。

② 处理有效期限即将到期的商品或者其他积压的商品。

③ 季节性降价。

④ 因清偿债务、转产、歇业降价销售商品。

(4) 卖家不得从事下列有奖销售。

① 采用谎称有奖或者故意让内定人员中奖的欺骗方式进行有奖销售。

② 利用有奖销售的手段推销质次价高的商品。

③ 抽奖式的有奖销售,最高奖的金额超过五千元。

(5) 经营实行政府定价或者政府指导价商品的卖家,需严格执行政府定价或政府指导价,不得改动或者超出浮动幅度。

6. 违规处罚

卖家发布的商品信息如不符合本规范,微店将依据微店平台规则进行处理,并有权立即限制发布、删除信息,下架或删除相关商品,情节严重者,微店有权进行店铺搜索屏蔽、店铺封禁、资金冻结、扣分等处理。

4.2 文案策划

在做文案策划时,了解相关的法律法规尤其重要,新的《中华人民共和国广告法》不仅管控线下商家,微店平台上卖家也会因为违反广告法或微店平台上发布的规则而受到相应处罚。对此,结合新广告法中卖家常遇到的高频违规点和案例进行解读。

4.2.1 常见类型

(1) 出现全网"国家级""最高级""最佳"等绝对化用语。

(2) 对商品的实际使用效果进行不符的宣传。
(3) 其他夸大宣传的描述。

4.2.2　基本原则

信息发布的基本原则是真实、可证。

4.2.3　宣传功效

功效宣传广泛存在于宝贝的标题、主图、副图和详情描述中,简单来讲就是关于"商品能干什么"的描述。

1. 常见违规行为

(1) 对商品的质量、用途、使用效果等进行夸大描述,如商品有一定的功效,但在商品发布时过度地描述了商品功效的内容和范围。
(2) 对商品的质量、用途、使用效果等进行虚假描述,如商品实际没有功效但商品发布时描述了功效。
(3) 对商品的质量、用途、使用效果等使用极限词来描述。
自 2015 年 9 月 1 日实施新的《中华人民共和国广告法》,广告中不得使用如下极限词。

① 最系列:最好、最大、最高档、最新款、最舒适、最流行、最低、最符合等。
② 绝对词:绝对高端、绝对适用、绝对贴身、绝对适合、绝对新潮等。
③ 全网系:秒杀全网、全网低价、全网首家、全网抄底、全网之王、全网销售冠军等。
④ 级极系:全球级、世界级、顶级,极致追求、极致工艺、性能极佳、将某某某做到极致等。
⑤ 唯一系:独家原创、唯一设计、独家材质、独家做工、唯一渠道、唯一选择、唯一授权等。
⑥ 第一系:全网第一、人气第一、行业第一、口碑第一、微店第一、排名第一等。
⑦ 价格系:全网秒杀、史上最低、行业最低价、全网抄底、全网最低、击穿低价等。
⑧ 诱导系:跳楼价、清仓价、特价仅此一天、最后一小时、假一赔万等。

2. 违规处置

卖家发布的商品信息如不符合规范、恶意规避等,微店将依据微店平台规则进行处理,并有权立即限制发布、删除信息,下架或删除相关商品,情节严重者,微店有权进行店铺搜索屏蔽、店铺封禁、资金冻结、扣分等。

4.3 视觉设计

4.3.1 微店视觉概述

随着移动通信的发展和智能手机的更新迭代,全球进入移动互联网崛起时代。据不完全统计,截至 2017 年手机端店铺流量已经提升至 PC 端店铺三倍以上。2014 年 12 月京东与微店合作,京东接入微店入口,这也给腾讯旗下的微店带来了一丝契机,预示着微店不再是"仅仅维系客户的一个纽带",而是扩大流量的一个应用的更迭。微店的视觉设计也在更迭中显得尤为重要,但是微店的视觉设计有别于 PC 端店铺的视觉设计。前面重点讲了 PC 端店铺的视觉设计技巧,本节我们将通过微店讲述手机端的店铺视觉设计技巧。

4.3.1.1 微店视觉设计与 PC 端店铺视觉设计对比

微店视觉设计时不同于 PC 端店铺,由于手机屏幕大小受限,在文案的撰写与文字的选择中要尽量简洁,同时字体在整体设计中尽量大一些,否则在显示中容易看不清。接下来,通过图片对微店视觉设计与 PC 版视觉设计做一个简单的对比。在做具体分析前,首先了解一下微店的主页面(图 4.30)与淘宝 PC 端的主页面(图 4.31)。

第 4 章　微店开店

图 4.30　微店首页

图 4.31　淘宝 PC 端店铺首页

4.3.1.2　文字元素解析

　　观察微店首页,上面的箭头指向的位置为店铺招牌,如图 4.32 所示,观察图片发现在设计店铺招牌时,并没有首要突出店铺的品牌以及名字,而是突出了一句广告语与欢迎语,再看下面的箭头指向的方向,在 LOGO 下面其实是有一个店铺名称的,所以在这里可以将品牌名或者店铺名进行弱化。而在淘宝 PC 端店铺装修时,店铺名称则是一定要放在店铺招牌中的。

121

图 4.32　文字元素解析

4.3.1.3　背景图片元素解析

由于在微店的首页中,店铺招牌是让消费者了解店铺所销售产品的最直观的视觉通道,因此在店铺招牌的背景设计时首选产品图作为背景。

4.3.1.4　微店视觉设计的特点及注意事项

1. 文字设计要简洁、大气

在页面设计中有个不成文的规定,一个篇幅的文字字体不要超过 3 种,否则会给观看设计的人产生一种混乱的错觉。而且作为设计师来讲也很难将不同风格的字体进行设计,进而和谐地统一到一个页面。在做微店视觉设计时也要注意不同风格类文字不要超过 2~3 种。由于篇幅有限尽量选择同类系字体,如果不知选择何种字体,可以使用黑体。

2. 颜色杜绝大面积使用高纯度

学过画画的人都知道,绘制画面的颜色越纯,看起来越透亮,反之则会有一种灰度的即视感。在做店铺设计时,尽量不要选择高纯度颜色,高纯度颜色在手机以及电脑中显示时会给人一种刺眼的感觉,会降低顾客在店铺的停留时间,进而很难通过页面设计来提高转化率。

4.3.2 微店店铺设计制作

4.3.2.1 微店店铺设计制作规范

微店店铺的图片设计尺寸相较于淘宝店铺及京东的限定没有那么严格,按照其提供的固定比例进行图片设计即可。接下来介绍微店店铺图片设计制作规范,以便在制作微店图片时更加得心应手。

1. 尺寸规范

(1) 微店店铺视觉设计的标准:图片比例为 2∶1 或 8∶5(可以设置为 454 像素×227 像素)。

(2) 微店宝贝主图尺寸:800 像素×800 像素。

(3) 分辨率:72dpi。

(4) 图片格式:JPEG 格式。

2. 注意事项

(1) 微店店铺招牌上传时自动对图片进行压缩,所以在设计时可以根据比例自行设计图片。

(2) 产品尽量在画布居中显示,使画布看起来饱满。

4.3.2.2 微店店铺招牌设计制作技巧

由于微店店铺招牌在设计中元素体现较少,设计较简洁,可以通过"美图秀秀"来完成页面的设计(软件可以根据自己熟悉的程度进行选择,在这里对一些较简单的图片可以选择美图秀秀处理,但是专业的设计还是要选择 Photoshop 软件)。接下来就通过美图秀秀来完成一个微店店铺招牌的设计与制作。

首先,在网页上下载美图秀秀并进行安装,具体操作步骤详见网址 https://

mt.meipai.com/。在电脑中将安装完毕的美图秀秀打开。执行"拼图"→"自由拼图"命令(图4.33)。

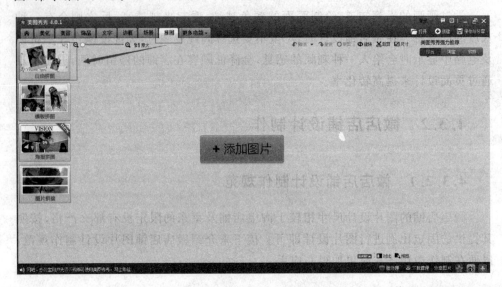

图4.33 美图秀秀打开"拼图"

单击"画布设置",将画布尺寸改为自定义尺寸,将宽度调整为454像素,高度调整为277像素,单击"确定"按钮,画布即可变为需要的大小(图4.34)。

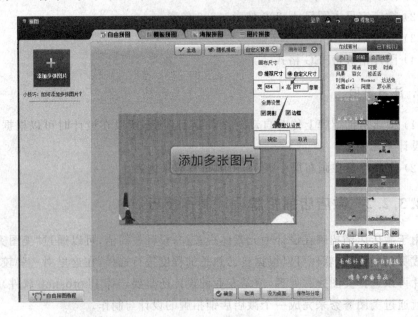

图4.34 画布设置

单击"添加多张图片",先将背景图片进行添加,单击图片出现"图片设置"对话框,调整图片大小,"边框样式"选择"无"(图4.35)。

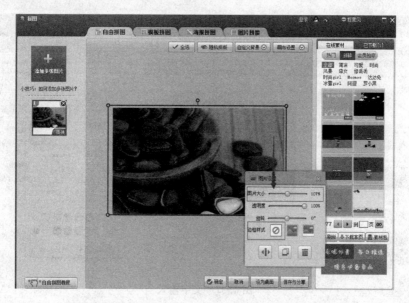

图4.35 图片设置

单击"添加多张图片",将第二张背景素材图片添至其中,并单击"确定"按钮(图4.36)。

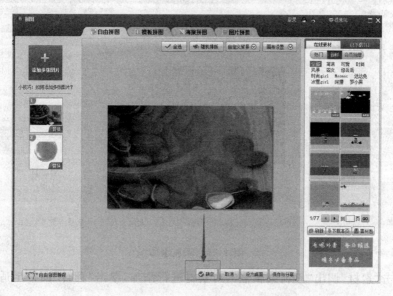

图4.36 添加多张图片

单击"文字"→"输入文字",调出"文字编辑框",将文字进行输入,然后对字体及字号进行调节,调节完毕后单击"应用"按钮即可(图4.37)。

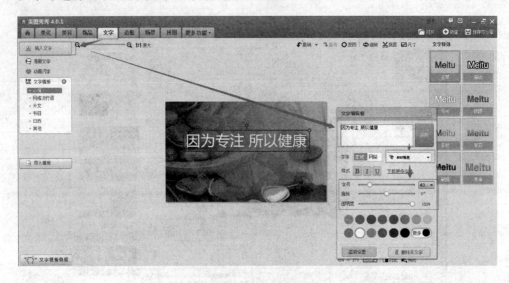

图4.37 文字输入

单击"饰品"→"炫彩水印",找到一个类似于横线的水印添加并进行调整(图4.38)。

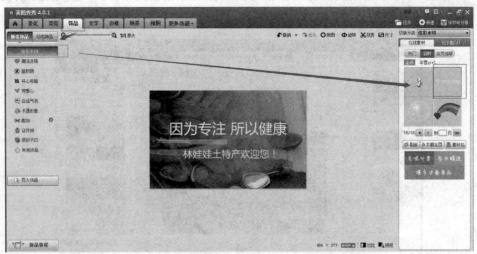

图4.38 添加水印

单击"素材"调出"素材编辑框",对素材进行添加,单击"翻转"调整至适当位置(图4.39)。

单击右上角"保存"按钮,将保存路径调整至桌面,将名称修改为"WD 店招",单击"保存",至此微店店铺招牌设计制作完成(图 4.40)。

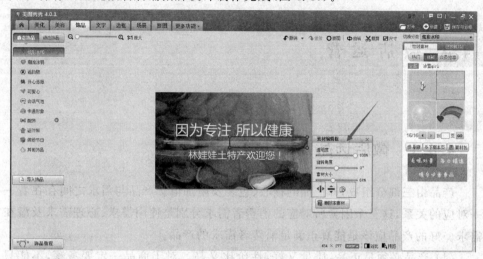

图 4.39 添加素材

图 4.40 保存

4.4 微店运营

4.4.1 微店选品

产品由三部分组成,即产品的核心、包装及附加值。产品与需求之间存在着一一对应的关系,这三个因素所对应的消费者需求分别是使用需求、心理需求及潜在需求。好的产品应该是能真正满足消费者需求的产品。

(1)产品必须是正品,质量又好,性价比又高。对于商品一定要考察,不能只是跟随代理,一旦代理出了问题,商户的人脉圈所累积的信誉就全部崩塌了。信任只有一次,重建非常困难。

(2)选自己喜欢的,可以坚持做下去的产品。自己若不喜欢,那么就很难去坚持。

(3)产品不要选得太多,主打1~2个种类即可。做精才能体现出价值,才能专业。

(4)亲自去试用。一旦选定产品,要全面地去了解,自己亲自去试用,总结产品效果,用自己真实的感受、语言和用户去沟通,才能获得用户的信任。

(5)产品定位。一定要给自己的产品找一个切入点,比如有藤西瓜和无藤西瓜,90%的人会选择有藤的西瓜,因为新鲜。做微商也一样,要找到属于自己产品的"藤"。

(6)物以稀为贵。微商选择商品一定不能选择那些到处都能买到的商品,随处都能买到的,商品缺少竞争优势,加上邮寄费,即使不比别处贵,卖得出去,也赚不了钱。是不是快消品,能不能形成持续购买,这需要自己认真、理性地选择。

产品的质量是个人品牌营销的前提和基础,如果前期产品选择没有做好,那么后期做的一切都会困难重重。选择产品是微店营销的第一步,选择产品时要注意以下原则和标准。

4.4.1.1 三大原则

1. 就近原则

选择产品时要尽量选择附近的特色产品,比如新疆的人可以选择做新疆大枣、南京的朋友做南京板鸭等,这样就给客户留下了一个印象——我的产品是这类产品中最好的。

2. 就熟原则

做熟不做生。微营销要尽量选择自己熟悉的圈子来做,尽量不要涉足不熟悉的产品。顾客尽量选择你熟悉的朋友,产品选择你熟悉圈子的朋友们购买力最好的产品。如果商户还是一位女学生,那最熟悉的圈子肯定也是学生,而女性都很爱美,护肤品可能就是这个非常好的产品选择。

3. 就源原则

微营销要做大,代理自然是不二之选,为了利润最大化和长期发展的需要,商户选择的产品最好是货源上游,或者最好就是厂家。这样才能保证可以招到更多的代理。

4.4.1.2 五大标准

1. 高质量

微营销是个人品牌营销,好的产品才能持续发展。

2. 高利润

微营销不是淘宝,一天可能很难卖出去很大的量,所以需要选择利润高的产品。

3. 高重复购买率

微营销不是无休止的销售,更需要的是口碑和重复购买,每个人开发客户的能力有限,选择一个可以重复购买的产品无疑是最好的。

4. 高受众

对于刚进入这个领域的卖家来说,除非是掌握了一些特殊的人脉或者商品资源,否则轻易地不要去做小众产品,例如字画、紫砂壶等。

5. 易于展示,售后简单

微营销主要通过朋友圈,而朋友圈可利用的资源很少,宣传产品的时候不要过于复杂,否则很难完整地表达商品信息。

4.4.2 微店的定价策略

微店开店,价格便宜是很重要的因素。开微店要想有所成绩,必须处理好价格问题。

4.4.2.1 习惯定价法

习惯定价法主要是对一些常见的日常用品进行定价。虽然商品价格的波动范围日渐增大,但有很多商品的价格仍是基于传统制定的。比如在人们心中娃哈哈矿泉水的单价就应该是2元。不管经济是在多么不确定的环境中发展着,这类商品的价格基本上都不会发生变化。因此,习惯定价策略将是这类商品定价的永恒标准。

4.4.2.2 魅力定价法

产品价格是否能刺激消费者购买是由消费者的心理价位决定的,因此可以通过消费者心理学进行魅力定价,常见的魅力定价法有以下几种。

1. 左边减1法

94元和95元给人的感觉是差不多的,但99元和100元却让人感觉差很多。

2. 价格分离法

如果是套装产品,尽量将不同的商品分别标价。

3. 过去定价法

将产品过去的价格标出来,如原价99元,现价70元。

4. 分期付款定价法

价格额度比较高的产品可以采取分期付款的定价方式,以降低消费者的价格敏感度。

5. 折扣力度最大化定价法

如"满50元减10元"比"满50元优惠20%"更吸引人。

6. 规模化定价

如某产品单价为10元,10件包邮价为90元。

4.4.2.3 混合定价法

无论是微店还是传统电商,产品如何定价一直是运营者比较头疼的问题。如果定价太高,消费者不购买产品,导致店铺流量严重流失,根本谈不上转化率。例如,拥有3 000多万粉丝的杨澜在天猫开了一家珠宝店,并且她在一个月之内多次推广引流,可最终一个月只成交两单,为什么?其原因就在价格上,她开的天猫店,产品均价52 914元,最便宜的也在1 000元以上(成交的两单都是1 000~3 000元的产品)。若定价太低则满足不了店铺的盈利需要,甚至难以维持团队运作。例如,某微店为了提高销量,将产品价格定得很低,利润只有两三元,没过半年店铺就关闭了。问其原因,店主说销量是有了,但除掉房租、物流、包装、人工、产品退货等成本,半年亏了10多万元,没办法继续做下去了。

那么微店平台应该如何定价呢?笔者建议可以采取混合定价法,即20%的产品为低价位,70%的产品为中等价位,10%的产品为高价位。将整个定价策略设置成一个橄榄球的形状,低价位产品做引流和活动,中等价位产品是销售主力,高价位产品做品牌形象。

4.4.2.4 非整数定价法

把宝贝零售价格定成带有零头结尾的做法被销售专家们称为"非整数价格法"。实践证明,"非整数价格法"确实能够激发出消费者良好的心理呼应,获得明显的经营效果。如一件本来值10元的宝贝,定价9.8元,肯定更能激发消费者的购买欲望。

这种把宝贝零售价格定成带有零头结尾的非整数的做法,是一种极能激发消费者购买欲望的方法。非整数价格虽与整数价格相近,但它给予消费者的心理信息是不一样的。

一家网上服装店进了一批货,以每件100元的价格销售,可购买者并不踊跃。无奈服装店只好决定降价,但考虑到进货成本,只降了2元钱,价格变为98元。想不到就是这 2 元钱之差,购买者络绎不绝,货物很快销售一空。

4.4.2.5 心理定价法

据调查发现,宝贝定价时所用数字的频率,依次是 5、8、0、3、6、9、2、4、7、1。这不是偶然的,究其根源是买家消费心理的作用。带有弧形线条的数字,如 5、8 等比不带弧形线条的数字有刺激感,易为买家所接受,而不带有弧形线条的数字,如 1、7、4 等比较而言就不大受欢迎。

在价格的数字应用上,应结合国情。很多中国人喜欢 8 这个数字,并认为它会给自己带来发财的好运;因中国有六六大顺的说法,6 也比较受欢迎;4 因为与"死"同音,被人忌讳;250 则有骂人之嫌疑,最好减一两元以避开。

4.4.3 微店的推广策略

4.4.3.1 平和的心态是有效推广的前提

对于很多开微店的新手来说,保持平和的心态至关重要。很多人加入做微店推广,可能是因为看到有的人都日入好几千,认为这是一个很赚钱的东西。于是他们匆匆忙忙搞了几个链接,或是一键推广,就开始去营销,不假思索和分析,甚至在微店交流群来发自己的推广链接。热血沸腾半个月,看到没有收入,开始抱怨,逐步开始放弃。没有平和的心态,就没法保证进行长期的推广。

4.4.3.2 改变思路,多向卖家学习

多参考卖家分享的帖子,淘宝、京东、小红书等平台都可以找到。看帖子时,要多加思考,结合微店推广,灵活运用。很多卖家分享帖子只是把本质的东西说出来了,但是卖家不会把步骤一步一步具体的体现出来。而且从另一个方面说,每个商家的问题不同,也不能直接把其他卖家的经验直接拿来复制使用。

4.4.3.3 粉丝是推广营销的关键

开微店最重要的是要有一批信任的粉丝,不然不会有销量。因此有人说"无粉丝不营销",在微店这样的领域里可以说是非常恰当了。那什么是粉丝呢?粉丝来源于英语的 fans,原意是指对某件事狂热的着迷。那么用到微店里,可以说就是微店的"支持者""追随者"。而粉丝关注微店也是有目的的,他们在消费中寻求服务,

找到他们想要得到的利益,获得购物的体验满足感。因此从粉丝的角度出发考虑营销的策略是很有必要的。那什么是有效粉丝呢?一种是潜在粉丝,根据店铺参加抽奖活动或促销活动吸引来的粉丝,虽然他们只是因为优惠活动而进入店铺,但他们未必不是潜在消费者,有可能会因为他们的传播而扩大影响。而潜在粉丝会帮助商户提升店铺的活跃度,提升微店自身的影响力。另一种是目标粉丝,是商户主要的营销对象。商户通过在店铺不断发售新品,吸引他们成为店铺粉丝,这是对商品有意向购买的粉丝群体。目标粉丝对购买的产品进行中肯的评价,会为商户赢得店铺口碑,从而直线提升商户的店铺形象。

4.4.3.4 服务买家(分销商)才能长期有效推广

微店买家即是分销商,分销商也可能成为你的买家。这是个颠覆的平台,不管是做生意,还是做服务,都很讲究回头客,所以做微店推广,如何服务分销商,是大家关注的核心问题,也是微店营销为之努力的方向。

那怎么服务分销商呢?

(1)给他们介绍真正好的商品。

(2)告诉他们网上购物的方法,或者是挑选某类商品的方法。

(3)提供对他们选购商品有帮助的资讯,即使他们不在你这里买东西,你也要乐意为他们服务。因为他们自己不买,也可能分享给他们的朋友,他们朋友买了他们会有收入,你也有收入。记住,即使没有收入也要做,并不是你做的每件事情都要眼前获利。

(4)提供他们交流和评论的空间。

以上这几条,如果能坚持做到,店铺才能长期有效的推广。

4.4.3.5 SEO——很多微店有效推广的利器

SEO分为站外SEO和站内SEO两种。SEO的主要工作是通过了解各类搜索引擎如何抓取互联网页面,如何进行索引及如何确定其对某一特定关键词的搜索结果排名等技术,来对网页进行相关的优化,使其提高搜索引擎排名,从而提高网站访问量,最终提升网站的销售能力或宣传能力的技术。

4.4.4 微店的促销策略

网络促销的作用不仅仅是传统促销方式的进化和升级,更是营销领域的一次革命。利用现代技术和手段向虚拟市场传递有关产品信息,以刺激需求,引起顾客购买欲望和购买行为的各种活动。以礼物或货币（有奖销售、拍卖、免费、其他促销）等形式，加速产品销售速度的一种短期激励手段。利用网站开展拍卖、有奖销售、价格折扣等促销活动，以树立企业形象，宣传产品。

在实施促销活动之前我们首先要明确促销的目的。为此，我们要建立品牌的认知，为消费者提供即时购买刺激，激励客户参与交互，增加店铺的活跃度。因此我们要找到有效的促销对象。识别目标受众的主要信息来源主要有人口统计特征、经验研究、行为跟踪等。那么收集目标受众信息就从深入研究其接触媒体的方式、行为偏好等特征进行数据挖掘。

其次我们要选择合适的促销手段。微店在近几年的不断优化中，从一开始促销管理中仅有的"限时折扣"和"私密优惠"外，又加入了"满减""满送""满包邮""优惠套餐"等促销手段(图 4.41)。其中"秒杀"作为新型的促销手段吸引了大量的买家。2012 年 9 月 25 日，为庆祝成立 8 周年，淘宝推出了"一元秒杀"活动：从 9 月 25 日至 30 日，每晚 20 点左右，分别有 10 台原价 2 899 元的联想上网本、5 台原价 3 599 元的飞利浦液晶电视机以及 5 台原价 3499 的惠普笔记本电脑供人们限时抢购。由于限时抢购的都是价值数千元的数码类商品，因此，极具诱惑力，据淘宝网统计 9 月 26 日参加秒杀的人数达 5 000 万，据估算活动期间每晚 7∶50—8∶20 的 30 分钟，淘宝网服务器承受了高达 100 亿次的刷新。9 月 24 日至 9 月 26 日秒杀活动期间，淘宝的存款额上升了近 5 亿元人民币，估计此次活动将为淘宝筹集到近 10 亿元资金。此后，各大电商平台、微店平台也纷纷推出"秒杀"活动(图 4.42)。

接着我们要选择适当的促销时间。促销一定是一段时间内发生的营销手段，如果全年都在促销，顾客将不会再相信，也失去了促销的意义。

第一，我们可以选择新品上市期间进行促销，这样可以刺激老顾客进行消费，又可以吸引新的消费群体，把潜在粉丝转化为目标粉丝，为店铺带来流量，同时可以带动其他商品的销售。如果一旦因为商品质量好，形成对该商品的口碑，就极可能成为爆款，当商品不再进行促销而以正常价格出售时，卖家就开始大量的盈利了。

第二，可以选择在节假日期间进行促销，现在不论是线上还是线下店铺，节假日促销手段可谓是不可缺少的，可根据自己销售商品的不同类型找到合适的节日进行促销，比如卖中老年女士服装，包括鞋、包等，都可以在"三八妇女节"或"母亲节"等节日中进行促销活动。

第三，换季清仓的时候我们也可以进行促销活动。换季清仓的时期一定相对应的是新品上市的时间，有些商品因季节性或因潮流性太强，更新换代比较迅速，还有一些商品因技术的更新会被市场淘汰，而这些需要快速处理的商品一般就会

图 4.41 营销工具

通过某种促销手段进行降价销售,这就是所谓的换季清仓。比如近些年从日本流传过来一种名叫"福袋"的商品,是一种用不透明的大袋子装上各个不同季节的衣物,以低价盲选的形式售出。而这其中如果真的是好的衣物,就会体现出卖家的诚意,从而也会大大提升自身的品牌形象。

第四,店庆活动的举办也会提升我们的销量。店庆不仅仅指开业几周年的日子,也可以是店铺升级为钻石级甚至是更高级别时值得庆贺的日子。因此一家微店有的时候可以举办很多次店庆。店庆的主要目的是为了感谢一直以来支持店铺的粉丝们,因此这个时候举办店庆促销来回报他们,可以维护和粉丝之间的亲密关系。

当然店铺的促销不仅仅只是为了回馈老顾客,更可以为店铺吸引新顾客的关

图 4.42 秒杀界面

注,把潜在粉丝转化为目标粉丝,促销的同时也在向买家展示店铺的发展历程和实力,为店铺的进一步发展打下夯实的基础。

参 考 文 献

[1] 崔慧勇. 微店创业营销新玩法[M]. 北京:机械工业出版社,2015.

[2] 9号. 微店＋营销,你该这样玩[M]. 北京:人民邮电出版社,2016.

[3] 杨艳蓉. 旅游市场营销与实务[M]. 北京:北京理工大学出版社,2016.

[4] 王昌云,倪莉莉,范玲俐. 微店运营与推广[M]. 北京:人民邮电出版社,2017.

第 5 章　搜索引擎营销

5.1　网络营销

　　网络营销(Internet Marketing 或 E-Marketing)是随着互联网进入商业应用而产生的,尤其是万维网(WWW)、电子邮件(E-mail)、搜索引擎、社交软件等得到广泛应用之后,网络营销的价值才越来越明显。其中可以利用多种手段,如 E-mail 营销、博客与微博营销、网络广告营销、视频营销、媒体营销、竞价推广营销、SEO 优化排名营销等。凡是以互联网或移动互联为主要平台开展的各种营销活动,都可称之为整合网络营销。本章节主要讲解营销网站的建设、竞价广告、网盟广告及 SEO。

5.1.1　网络营销基础

5.1.1.1　网络营销概念

　　网络营销是以网络为基础,利用数字化的信息和网络媒体的交互性进行营销从而实现目标的一种新型营销方式。简单地说,网络营销就是以互联网为主要手段为达到一定营销目的的营销活动。

5.1.1.2 网络营销方式

网络营销的方式有以下四种。

1. 搜索引擎营销

搜索引擎营销常常以竞价广告为主,开通搜索引擎竞价广告,客户单击相应关键词,即可触发广告。客户单击创意网址进入网站进一步了解信息,或者拨打网站电话与在线客服进行沟通等来实现营销的一种广告。

2. 搜索引擎优化

通过搜索引擎自然排名的机制,优化站内和站外,使网站的搜索引擎排名提高,从而获得销售或提高品牌知名度。

3. 微博营销

微博营销是指商家或个人以微博为平台,组织或举办活动,吸引用户参加,最终达到商家预先想要达到的推广或宣传活动,或是公益目标。

4. 软文营销

软文营销是相对于网络硬广而言,由市场策划人员或文案人员撰写文字故事,引发消费者的共鸣,在不知不觉中融入了商家广告,既起到营销的效果,又不至于使消费者反感。

5.1.1.3 网络营销优势

网络营销具有以下四点优势。

一是网络营销传播范围广、速度快,没有地域限制,降低了企业营销成本。传统营销往往是地域性限制比较大。

二是网络营销无店铺租金成本,帮助企业降低固定投入,减小库存压力。而传统营销,店铺租金成本高,费用大,企业库存压力大,周转慢。

三是网络营销具有交互性,不同于传统媒体的单向传播,用户可以及时、方便地与商家进行互动沟通,缩短用户与企业、品牌之间的距离,让企业可以快速地针对市场上的变化做出应对。

四是成本低、速度快、更改灵活,网络营销制作周期短,容易改动。而传统媒体制作周期长、费用大,一旦做好就要长期投放。

5.1.1.4 做好网络营销的三个前提

1. 好的产品标准

(1) 产品价格合理,与市场同类产品相比适中。
(2) 产品质量可靠,性能优良。
(3) 利润空间合理,不欺诈消费者又给企业预留了适当的利润,促进企业发展。
(4) 品牌影响力较高,有良好的口碑,产品亲和力好。
(5) 供货商可靠,产品供应稳定,质量有保障。
(6) 销售渠道丰富,消费者可以轻易购买到商品,获取成本低。
(7) 售后服务流程简单,能满足消费者合理诉求,反应迅速,不拖延。

2. 好的流量

(1) 流量大,推广手段丰富,能获得大量的访客,受关注度高。
(2) 流量精准,推广技巧多,技术先进,访问客户具有了解或者购买需求,目标精准。

3. 有销售力的网站

(1) 能带来客户。能通过网络推广工作带来用户,而且是目标用户(有搜索/单击,就有需求)。
(2) 能留得住客户。网站设计上能让用户喜欢,网站文案描述让用户感觉良好,权威图片展示让用户信任网站,购物流程让用户很方便。
(3) 能服务客户。售前咨询客服的主动引导,购买流程、付款方式简单易用,产品对比介绍详细,细节对比重点突出,促销信息丰富。

5.1.2 网络营销型网站规划步骤

当前,很多企业在做网站规划时无章可循,导致建成的网站功能不完善,布局不合理,内容针对性不够强,发挥不了应有的作用。其实,营销型网站的规划需要营销与技术相结合,主要步骤有以下六点。

1. 明确网站定位

网站定位阶段,也是公司网络营销的定位阶段,主要解决目标客户定位问题和核心产品定位问题。目标客户是指企业提供产品、服务的对象。目标客户定位就是要对目标客户的年龄、性别、职业、需求、价值观等进行认真分析。核心产品是企业的主推产品,核心产品的选择应遵循以下几个原则:①选择有竞争优势,既赚眼球又赚钱的产品;②选择有竞争优势少赚钱,但能赚人气,能直接帮助赚钱产品销售的产品;③选择有竞争优势不赚钱,但赚足眼球的产品。

2. 确定网站盈利模式

网站的盈利模式就是企业通过网络营销赚钱的渠道,通过怎样的模式和渠道来赚钱。网站的盈利模式是运营和推广的基础。通过对几大门户网站、电商平台、B2B平台及众多中小网站进行总结分析,网站盈利模式可分为六种:①产品和公司品牌形象展示和销售(B2B或B2C);②零售(B2C或C2C);③批发、团购;④招商加盟;⑤广告;⑥会员费。选择不同的网站盈利模式,就是选择不同的沟通对象,就要进行不同的运营和推广。

3. 确定网站类型

根据网站的业务特点,我们可以将网站分为三类:①展示类,包括品牌展示、业务推广、招商加盟等类型。不以直接交易产品为核心,是以公司形象推广、产品推广、服务推广、客户沟通与联系为网站经营目标。②交易类,包括网络零售、网络批发、网络团购等类型。是以产品的直接销售为网站核心。③门户类,包括综合门户、垂直门户等类型。为某个行业或多个行业的企业、信息和产品服务,为双方或者多方提供以信息为核心的服务。

4. 确定网站功能

不同类型的网站具有不同的功能。一是展示类网站,包括形象展示系统、产品或服务展示系统、资讯系统、在线客服系统、流量统计系统。形象展示系统就是企业的广告系统,用来展示企业的核心业务。产品或服务展示系统展示产品独特的卖点和核心竞争力。资讯系统为帮助客户更多地了解企业的产品或服务的价格,为销售铺路;另外也为了做搜索引擎优化,通过对关键词的优化,使资讯能够被搜索引擎收录,并且在搜索引擎上有好的排名,方便客户找到。在线客服系统用于与客户进行互动、交流,及时解答客户的问题,提升客户体验度。流量统计系统是为了统计网站访问者来自哪些区域、哪些时段访问，以及如何找到网站的。根据这些统计数据进行分析，不断改进网站运营及推广策略。二是交易类网站，除了以上这些功能外，还具有方便的产品管理导航、会员注册与登录、购物车、订单管理、在线支付、物流配送、安全功能。门户网站还要有更多的资讯频道和栏目、论坛等。

5. 网站技术选型

当前建设网站的主要技术有三种：JSP、ASP.NET、PHP。三种技术各有优点和缺点，从理论上讲，这三种技术建设任何一类常规性网站都是没有问题的。但是，根据软件工程的原则，选择合适的技术可以降低开发成本，提高开发效率，方便网站的扩展、维护及升级。在建设展示类网站时，建议选择 ASP.NET 和 PHP；在建设中小规模交易类网站时，这三种技术都可以选择；在建设高并发、海量数据交易类网站时，建议选择 PHP 技术。在做技术选型时，除了分析比较不同技术的优点和缺点外，还应该结合企业自身的技术优势，选择一种最合适的技术。

6. 确定网站域名及空间

网站域名对网站的推广极其重要。企业应该选择能够代表企业形象，简单、易记、容易传播的域名，在推广的时候，就可以达到事半功倍的效果。空间是网站运行的载体。空间的稳定性和性能直接决定了用户体验的效果。因此企业应该选择稳定、可靠、访问速度快的空间。

5.1.3 网络广告投放基础

5.1.3.1 网络广告概念

网络广告即在网络上做广告。通过网络广告投放平台来利用网站上的广告横幅、文本链接、多媒体的方法，在互联网刊登或发布广告，通过网络传递到互联网用户的一种高科技广告运作方式。

5.1.3.2 网络广告要素

网络广告要素主要有以下五个方面。

一是广告主：指发布网络广告的企业、单位或者个人。任何人都可以自行上网或通过他人在网上发布各类广告，提供免费或者有偿的服务。

二是广告媒体（投放平台）：指网络上的所有平台，包括网站、自媒体、软件

App 等。

三是广告受众:指网络广告指向的对象,或者称网络广告的接受者。受众包含主动受众和被动受众。

四是广告信息:指网络广告的具体内容,即网络广告所传达的具体的商品或信息,它可能是文字、图片、富媒体或者其他综合形式。

五是广告费用:指上网发布广告投放的资金。这通常是有偿广告。

5.1.3.3　网络广告投放特点

网络广告的投放主要包含以下七个特点。

一是传播范围广,不受时间和空间限制;二是性价比高,传播范围广,价格低;三是表现形式多样化,文字、图片、富媒体;四是互动性强,可以即时沟通,随时互动;五是灵活性好,随时跟踪,随时更改,效率更高;六是精准度高,可以定位人群、年龄、性别等;七是效果好统计,数据统计可查,呈现更加清晰。

5.1.3.4　网络广告的分类及形式

网络广告是中小型企业发展壮大的好途径,网络广告目前的类型有网幅广告、文本链接广告、分类广告、富媒体广告、视频广告、电子邮件广告、电商广告、竞价广告等。

1. 网幅广告

网幅广告是以图像文件或富媒体文件定位在网页中用来表现广告内容(横幅、Banner、Icon、Button 等),如图 5.1 所示。

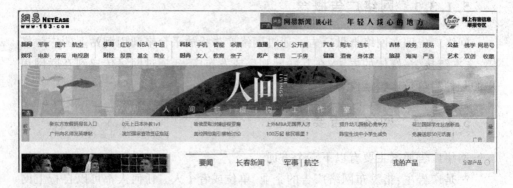

图 5.1　横幅广告

2. 文本链接广告

文本链接广告是以文本链接形式放置在热门网站中,吸引用户单击的广告形式,如图 5.2 所示。

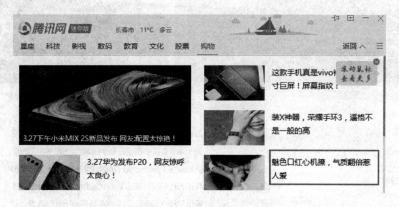

图 5.2 文本链接广告

3. 分类广告

分类广告是对大规模的生活实用信息,按行业进行科学分类,并提供检索的一种广告形式,如图 5.3 所示。

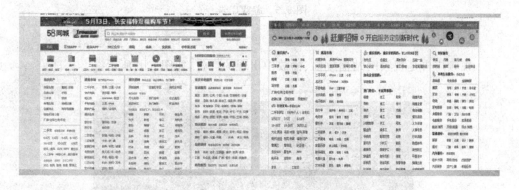

图 5.3 分类广告

4. 富媒体广告

富媒体广告是指具有动画、声音、视频和/或交互性的信息传播的广告。三维广告如图 5.4 所示。游戏广告如图 5.5 所示。

图 5.4　三维广告

图 5.5　游戏广告

5. 视频广告

视频广告是视频网站播放前、播放中出现的广告,如图 5.6 所示。

图 5.6　视频广告

6. 电子邮件广告

电子邮件广告是利用客户电子邮件资源或邮件列表发送的网络广告,如图 5.7 所示。

图 5.7 电子邮件广告

7. 电商广告

电商广告是电商网站发布的相关广告,如图 5.8 所示。

图 5.8 电商广告

8. 竞价广告(PPC)

竞价广告是基于搜索引擎,通过关键词激发的广告,如图 5.9 所示。

图 5.9　竞价广告

5.1.3.5　网络广告收费模式

网络广告收费模式主要有以下四种。

1. CPM(千人成本)

CPM 是指广告每展现千次收费的价格,视频贴片、门户 Banner 等非常优质的广告位通常采用 CPM 收费模式。门户网站、联盟网站比较常用。优点是数据明确、操作简单。缺点是容易发生流量作弊的情况,客户定位精准性也比较差。

2. PPC

PPC 是指广告每次单击成本,即按单击收费,广告主为用户单击广告的行为付费。主要应用有竞价广告、直通车、谷歌 AdWords 等。优点是受众人群可定位,转化率相对比较好。缺点是因为是按单击收费,容易产生恶意单击,另外广告成本比 CPM 较高。

3. CPA

CPA 是指广告主或者服务商按照引导用户到达指定页面后的下载、留言、注册或者互动行为数量进行计费的广告模式。发布模式比较广泛,各个行业都有。优点是信息准确度高,信息量大。缺点是对网站主影响大,恶意注册行为比较多。

4．CPS

CPS是指广告按照用户最终购买或者消费服务商联盟活动产品的数量或者金额的一定比例进行分成。成交后付费,对于广告主来说是稳赚不赔的生意。发布模式主要有淘宝客、购物网站联盟等一些广告商。优势在于成交付费,按金额或者数量付费。

5.2 竞价广告(PPC)

5.2.1 竞价广告的概念

每天网民在搜索引擎进行数亿次的搜索,其中一部分搜索词明确地表达了某种商业意图,即希望购买某一产品,寻找提供某一服务的提供商,或希望了解该产品、服务相关的信息。同时,提供这些产品、服务的企业也在寻找潜在客户。通过搜索引擎搜索推广的关键词定位技术,可以将高价值的企业推广结果精准地展现给有商业意图的搜索网民,同时满足网民的搜索需求和企业的推广需求。

竞价广告是一种发布在搜索引擎搜索结果中,由用户自主投放,自主管理,按照广告效果付费的新型网络广告形式。竞价广告有以下特点:一是投放平台搜索引擎(浏览器)上,有巨大流量;二是快速地展现在搜索引擎前端,快速获取排名;三是按效果付费,不单击不收费;四是同时满足企业的推广需求和网民的搜索需求。目前市场主流的竞价广告主要有腾讯竞价广告、谷歌竞价广告、百度竞价广告、搜狗竞价广告,本节主要以百度竞价广告为例,讲解竞价广告的应用。

5.2.2 排名原理与账户规则

5.2.2.1 关键词概述

关键词搜索是搜索引擎搜索的重要方法之一,用好关键词的最终目的就是希望访问者了解产品、服务和公司等信息,从而达到企业推广的目的。关键词是企业用来定位潜在客户的工具。搜索词是网民用来搜索的词语。关键词与搜索词的区别在于关键词是企业用来定位潜在客户的,并已经购买到账户内,而网民用来搜索的搜索词,企业可能未购买。

5.2.2.2 关键词匹配方式

关键词匹配方式主要有以下四种。

第一种是广泛匹配。这种匹配是最宽泛的匹配方式,可以包含关键词,也可以顺序颠倒或延伸。比如包含与关键词相似的近义词、相关词等。这种广泛匹配的优势是可以针对性的推广,能带动很多潜在客户的浏览。但精准度不高,容易造成成本浪费。适合不限预算、引流类、推广企业品牌的企业。

第二种是精确匹配。这种匹配用于精确严格的匹配,只有在搜索关键词与推广关键词二者字面完全一致时才会被匹配。特点是展现量小,精准度强。适合于要求转化的企业。

第三种是短语匹配。这种匹配是用于比较精确的限制匹配,可以包含关键词,且包含的部分与关键词字面完全一致时才匹配。这种短语匹配相对精确,匹配更具灵活性,可以获得更多的单击率,转化也相对比较高。

第四种是否定匹配。这种匹配是将短语匹配和广泛匹配相融合在一起使用的方式,对于一些可能被匹配但与推广意图不符的词添加到否定匹配关键词表中来阻止对应推广信息的触发。特点是滤除不能为客户带去潜在客户访问的不必要展现,降低转化成本。

5.2.2.3 排名规则

百度推广的排名规则是根据"关键词出价×质量度系数"两个因素综合评估的。提高百度推广关键词的排名,一般是通过以下两种方式。

一是提高该关键词的出价。此种方式比较常见,也最为简单,效果明显,但相对来说消费较高,通常企业商家很难接受。

二是通过优化账户来提升关键词的质量度。关键词的质量是影响排名的重要因素,通常也是降低关键词出价的重要方面。关键词的质量度提高,出价就相对低很多。假如对一个质量度很差的词语出价为 10 元单击一次才可以排名在第一位,如果我们提高这个词的质量度为三颗星(最好的质量度),那么出价在 5 元左右就可以排名在第一位。如"办公室装修"这个词语,质量度差的话,出价 29 元排名在第一位,那么通过关键词的优化,使得"办公室装修"这个词语的质量度为三颗星,那么企业商家只需要出价 17 元左右就可以排名第一位。

5.2.2.4 质量度

质量度是网民对推广情况的综合表现指标,在账户内呈星级形式展现,体现为五星的分制。质量度越高,表明网民对商家的推广结果越满意。在同等质量度的情况下,出价越高排名越靠前。在同等出价的情况下,质量度越好排名越靠前。

质量度的影响因素包括相关性(关键词与登录页及网站的相关性)、单击率(单击量×访问量×100‰)、创意撰写水平(创意是否吸引、打动客户,客户在页面停留时间长还是短)、账户历史表现情况、历史访问数据。

5.2.2.5 行业 URL 定投

1. 行业 URL 定投的含义

行业 URL 定投叫作 URL 定向,其定义是一种新的获取潜在商业价值流量的方式,不再需要购买海量关键词,直接购买相关的目标 URL,当所购买的 URL 出现在网民搜索的自然结果中时,在其上方的广告位展现广告创意,如图 5.10 所示。

图 5.10 行业 URL 定投

2. 行业 URL 定投的作用与影响

简单地说,"行业 URL 定投"和"网页投放"是两种新的百度推广方式,都是以网址 URL 为投放方式,获取行业相关关键词流量。不同的是前者针对的是同行竞争者或上下游企业,后者针对的是自身网站页面。

所以,行业 URL 定投可以为企业获得更多相关流量,对百度竞价推广广告位减少的影响有一定的弥补作用,但同时加大了行业竞争,且有恶意竞争推广的隐患。

5.2.2.6 账户设置流程

（1）向百度公司交纳推广费。

（2）注册竞价排名的用户账号。

（3）挑选产品关键词并提交。在竞价排名的用户管理系统中提交关键词等相关信息。

（4）开通账户。百度在收到款项并确认账户内已提交关键词后,一般在两个工作日内审核企业客户的推广信息。审核通过即可。

（5）用户在搜索中输入关键词查找信息。

（6）在用户搜索的结果中,排名企业的推广信息优先显示在用户面前。

（7）用户单击进入企业网站,浏览企业产品具体信息与企业联系,产生订单。

百度竞价排名流程如图 5.11 所示。

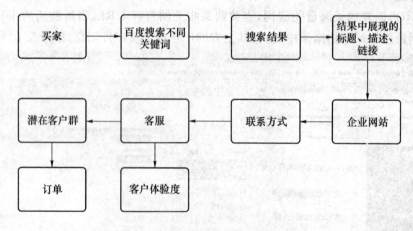

图 5.11 百度竞价排名流程

5.2.3 方案制作

5.2.3.1 推广管理流程

1. 在推广账户当中建立推广计划

用户可以按照公司的产品分类建立推广计划，也可以按照地域以及推广时间建立推广计划，如图 5.12 所示。

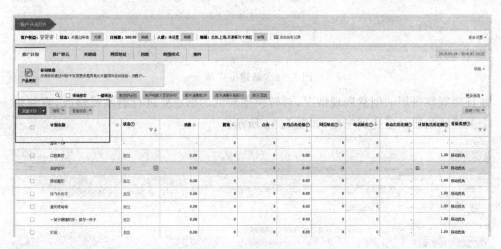

图 5.12 新建推广计划

2. 在推广账户当中建立推广单元

一个推广计划当中可以细分为多个推广单元，然后每个推广单元对应一个产品或服务。推广单元的数量尽量不要太多，账户的结构太臃肿会导致后期的维护和优化工作十分繁杂，提升优化的难度，也会降低优化的效果，如图 5.13 所示。

3. 为每个推广单元添加关键词并撰写创意

通过百度搜索推广后台的关键词工具为每一个单元添加关键词，关键词的选择要从"每日搜索量"和"竞争激烈程度"两个方面来考量。在关键词工具里，选择那些搜索量较大，竞争激烈程度较低的关键词。创意的撰写可参考排名最靠前的竞争对手的。每个推广单元的创意要在 4 到 10 个之间，不能太多，也不能太少。

图 5.13 新建推广单元

并且要观察每周的创意展现情况,对转换率较低的创意要进行删除或修改,直到每个关键词的质量度达到三星,如图 5.14 所示。

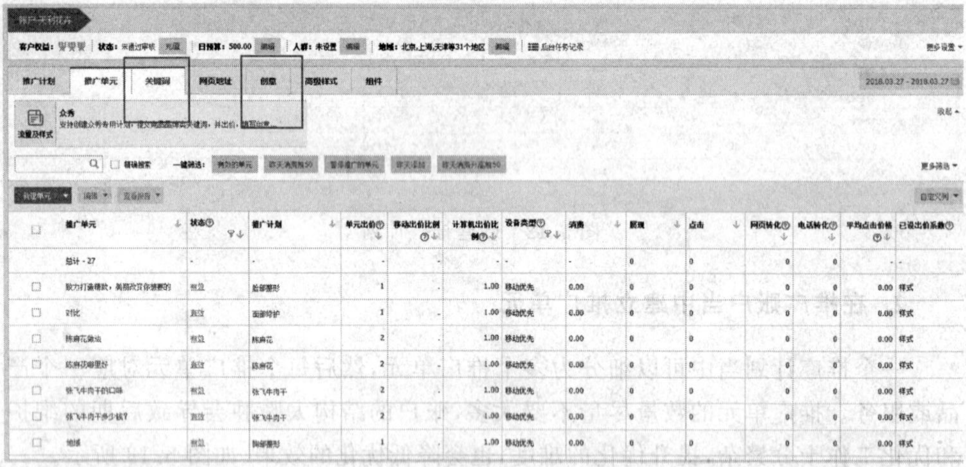

图 5.14 关键词和创意的撰写

4. 设置推广地域、推广时间及每日预算

当以上工作完成之后,最后一个环节就是要根据公司的实际情况来进行广告投放的设置。百度推广只投放上海,推广时间是每周一到每周五的早上 9 点到晚上 6 点;每天百度推广的预算为 600 元。这里特别注意的一点是,如果当天百度推广的预算提前用完,一定要及时观察账户内的关键词单击和消费情况,查看是否被恶意单击。还要对比当日的电话反馈情况,如果某个关键词当日被大量单击,但是跟关键词有关的业务没有客户咨询,应及时对账户进行调整,修改出价或调整推广的侧重点。如图5.15所示。

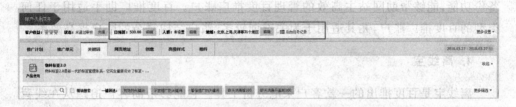

图 5.15 推广地域、时间、预算的设置

5. 日常的百度推广账户优化工作

百度推广账户优化工作主要观察日常的百度推广账户消费情况,如果当日预算没有消费完毕,可以增加推广投放时间,提高重点词的出价;如果当日预算提前消费完毕,则要及时分析账户的推广情况,观察是否被恶意单击,被单击的关键词是否跟业务有关,关键词的匹配方式是否恰当等。百度优化账户最为重要的工作就是创意的撰写和修改,创意的水平高低关系到关键词的质量度,较高的质量度能让关键词以较低的价格在百度推广中获得较高的排名。日常的优化工作,应以分析创意和撰写创意及修改创意为主。

5.2.3.2 增值工具介绍

1. 百度统计

网站流量分析工具主要功能有:网站概况、流量分析和来源分析。百度统计是百度推出的一款免费的专业网站流量分析工具,告知访客如何找到并浏览用户的网站,帮助用户改善访客在用户的网站上的使用体验,不断提升网站的投资回报率。

2. 百度商桥

百度商桥分别推出"商桥2016"及"商桥医疗版"两个版本。网站主需要安装商桥客户端,并在网站上添加一段代码,即可获得访客进入网站、浏览网页、商业意图判断、捕获访客发出商机、建立在线沟通、成单记录、效果分析、优化建议等全程数据和解决方案。

3. 推广助手

这是一款免费的账户管理软件,它独有的批量编辑、快速定位、离线操作、自由备份功能,能够帮助网站主高效的管理百度推广账户。百度推广助手适用于任何类型的百度推广账户,尤其适用于为关键词较多、账户结构复杂的账户提高效率。

4. 离线宝

离线宝是百度推出的一款客户来电分析工具。它能够帮助客户追踪从在线营销到离线咨询的转化效果,为客户优化广告投放提供数据支持。